狂欢与日常的古苗寨

清江村

KUANGHUAN YU RICHANG DE GUMIAOZHAI QINGJIANG CUN

袁轶峰 伊 明 严梅梅 / 著

贵州大学出版社
Guizhou University Press

图书在版编目（C I P）数据

狂欢与日常的古苗寨：清江村 / 袁铁峰, 伊明, 严梅梅著. -- 贵阳：贵州大学出版社, 2019.12
（传统村落与乡村振兴丛书）
ISBN 978-7-5691-0304-5

Ⅰ. ①狂… Ⅱ. ①袁… ②伊… ③严… Ⅲ. ①苗族－乡村－概况－丹寨县 Ⅳ. ①K927.35

中国版本图书馆CIP数据核字(2020)第010105号

狂欢与日常的古苗寨：清江村

著　　者：袁铁峰　伊　明　严梅梅

出 版 人：闵　军
责任编辑：郭晓林　任苗苗
装帧设计：陈　丽

出版发行：贵州大学出版社有限责任公司
地址：贵阳市花溪区贵州大学北校区出版大楼
邮编：550025　电话：0851-88291180
印　　刷：贵州思捷华彩印刷有限公司
开　　本：710 毫米×1000 毫米　1/16
印　　张：16.5
字　　数：251千字
版　　次：2019年12月第1版
印　　次：2019年12月第1次印刷

书　　号：ISBN 978-7-5691-0304-5
定　　价：60.00元

总　序

中国传统村落和民族特色村寨，均是指村落形成较早，拥有物质形态和非物质形态，具有一定历史、文化、科学、艺术、经济、社会价值，应予以保护的村落。传统村落被认为是农耕文明的“活化石”。随着我国工业化、城镇化的快速推进，传统村落正迅速消失，面临着消亡的危机。2000年，我国的自然村总数为363万个，到2010年锐减为271万个，这对传统的农耕国家来说是个惊人的数字，它显示了村落消亡势头的迅猛和不可阻挡，也警示了传统村落的拯救与保护刻不容缓。因此，自2012年4月起，国家住房和城乡建设部、文化部、国家文物局、财政部联合开展了中国传统村落的系统调查。同年9月，上述部委联合成立了由民俗学、建筑学、规划学、艺术学、人类学、遗产学等专家组成的专家委员会，评审、编制“中国传统村落名录”。

贵州一直以来都是一个多民族共居的省份，丰富的少数民族文化和独特的少数民族风情构成了贵州独具魅力的风景线，民族特色村寨遍及各地。贵州又是我国传统村落的“大本营”，传统村落与丰富多彩的非物质文化遗产交相辉映，具有分布密集、保存完整、民族特色鲜明的特征。2016年，贵州启动了评选、保护少数民族特色村寨的活动；2017年，贵州省人民政府颁发了《贵州省传统村落保护和发展条例》。根据相关记载，截至2019年底，中国传统村落数量已达到6819个，其中贵州省有724个，占全国总数的10.62%，位列全国之首；其中贵州省的全国少数民族特色村寨共计312个，占全国总数的18.89%，位居全国第一；属于贵州省级少数民族特色村寨的共计1329个。数量众多的传统村落和少数民族特色村寨，是贵州山地文化和农耕文明的结晶，是贵州民族历史文化的重要载体和靓丽的文化软实力名片。在贵州，“看得见山，望得见水，记得住乡愁”的美丽乡村景观比比皆是，这对巩固脱贫成果、建设美丽乡村和推进乡村振兴战略具有极为重要的价值。保护和发展传统村落、民族特色村寨，无疑是贵州乃至全国一项集保护传统、传承文化、留住乡愁、振兴乡村、全面小康、人与自然和谐共生为一体的系统而又重要的工程。而利用民族学、历史学、文化学、社会学、人类学等学科理论与研究方法，记录传统村落的民风民俗、精神风貌、地方性知识、文化教育，寻索传统村落依托资源、因地制宜、绿色发展、可持续保护之路，探究传统村落“保护优先、突出特色、科学规划、活态传承、合理利用”之策，不仅势在必行，而且迫在眉睫。

正是基于上述诸端，贵州大学历史与民族文化学院于2019年启动了“传统村落与乡村振兴”中长期持续联动项目。项目第一期主要聚焦于传统村落、少数民族特色村寨富集的黔东南苗族侗族自治州，选取其中最为典型、最具范式意义的村落13个，按照一村一题、一村一书的形式，结合当地实情和田野调查素材，从方志著述、历史研究、史志结合、村落保护等角度展开研究。呈现于读者面前的是由贵州大学出版社出版的首批项目成果。

该丛书以马克思列宁主义、毛泽东思想、邓小平理论、“三个代表”重要思想、科学发展观、习近平新时代中国特色社会主义思想为指导，坚持辩证唯物主义和历史唯物主义的立场、观点和方法，存真求实，注重知识性、学术性与资治性的结合，较为全面、客观、系统地记述了村落的发展变化进程和改革开放成果，在内容上体现了特色鲜明、个性突出而又科学系统的特征。丛书图文并茂，文风严谨、朴实、简洁、通俗，注重记叙性与可读性、资料性与学术性的统一。在传承和抢救乡土历史文化、激发爱国爱乡情怀、保护发展传统村落和民族特色村寨、实现乡村振兴等方面具有积极的意义和重要价值。

贵州大学是我国西部历史悠久的综合性大学。学校正在紧紧围绕立德树人的根本任务，加快推进“双一流”高水平大学的建设。百余年来，特别是在改革开放以来的办学进程中，学校十分注重学生自信心、自豪感、自主性、创造性的提升，尤其高度重视文科的人才培养、科学研究、服务社会、文化传承创新与国际合作交流等工作。全面推进和深入开展“新文科建设”和“大地论文”工程已成为学校内涵发展、质量提级的重要途径。学校期待文科师生在科学研究与人才培养上以党的教育方针和习近平总书记关于高等教育的讲话精神为引领，紧密结合贵州“三大战略”，走进乡村联系实际，深入调查科学研究，产出一批批源于大地、服务发展的优秀成果，为实现全面小康，为开创百姓富、生态美的多彩贵州新未来做出更多、更大的贡献。

是为序。

李建军

前 言

本项目的研究得益于贵州大学历史与民族文化学院关于“传统村落与乡村振兴”丛书的实施方案，这个方案也恰好契合了当前中国传统村落面临现代化的极大挑战，很多村落正逐渐消失，传统村落亟待保护和利用的时机。贵州是我国传统村落分布的重要省份，黔东南又是贵州省保存传统村落最多的地方，基于以上考量，我们选择贵州省黔东南苗族侗族自治州丹寨县作为研究对象。那么，选取丹寨县哪个村落作为我们具体的研究对象呢？这严重困扰了我们。尽管丹寨县面积不大，是黔东南面积最小的一个县，但它的传统村落数量非常多。为更精准、更有把握地开展研究工作，我们决定到丹寨县南皋乡进行田野点的选择。通过三天的田野考察，我们最终选择清江苗寨作为我们的研究对象。

清江村位于丹寨县城北部，南皋乡政府所在地西部。距丹寨县城 38 千米，距南皋乡政府所在地 6 千米。清江村辖 5 个自然寨和 5 个村民小组，全村 95% 以上是田姓苗族。

清江苗寨自然条件得天独厚，动植物种类繁多，资源富庶。森林木本植物有松、杉、油桐等 97 科 519 种，常见天然牧草品种有 35 科 222 种，野生动物有穿山甲、画眉鸟、眼镜蛇、竹鼠等 100 余种。药材有金银花、杜仲、黄檗等 166 科 518 种，其中动物类 42 科 67 种，植物类 124 科 432 种；煤、重晶石等矿产也比较丰富。清江苗寨是一个古老的苗族村落，民风淳朴，风情浓郁，自然景观美不胜收，建筑风格独具匠心。最为重要的是，有许多丰富多彩的民族传统节日，如苗年、翻鼓节、吃新节、爬坡节等。因此，研究清江苗寨具有重要的学术价值和现实意义，至少在以下方面将给一般读者或研究者提供一定的启益：

一、民族性特征。清江村作为丹寨县南皋乡中一个以田氏苗族为主体的苗族传统村落，其民族构成和姓氏种类较为单一，所以清江苗寨相比较其他村落来说，更加具有民族文化特色，比如苗族翻鼓节。有关清江苗寨翻鼓节的传说和历史，与贵州其他苗族地区都有极大的不同，翻鼓节是田氏苗族区别于其他苗族支系和苗族村寨的重要标志。

二、地域性特征。苗族翻鼓节以南皋乡清江村为中心，流传在南皋乡境内以及兴仁镇的部分苗族村寨，这一地区苗语称为“嘎闹勾”，意为苗族的勾支系。又因妇女穿的裙子长短适中，介于“长裙苗”与“短裙苗”之间，故称为“中短裙苗族”地区。

三、无文字记载苗族的历史诠释。没有使用文字记载的田氏苗族在清江村这块土地上“落地生根”，并用故事与传说维系着他们对祖先的记忆。在此过程中，磨难对他们来说更是记忆深刻，这或许也在无形中塑造了清江村田氏苗族宽容、团结、不好斗的内在品格。

四、传说成为清江苗寨的民族认同。一直以来，清江苗寨村民通过反复的仪式展演传承着他们的民族信仰，无论是传颂的故事还是各种祭祀仪式，都在不断地强化本民族的认同感。传说反映了苗族民众日常生活的各个方面，是构成整个民族精神的核心，是我们理解苗族文化的一把钥匙。

清江村村民日出而作日落而归，过着自然而平静的生活，但在这平常的背后，却蕴藏着深厚的民族精神与文化内涵。我们希望通过田野调查、文献分析的方法对清江苗寨的社会与文化进行细致描述和深入分析，使读者得以窥见贵州传统古村落的社会习俗、传统节日与精神状态，感受清江苗寨狂欢与日常的生活状态，进而对贵州少数民族地区的文化史、社会史产生更为深刻的认识。

目　录

第一章　清江村概貌

第一节　清江村概况

清江村位于贵州省黔东南苗族侗族自治州丹寨县南皋乡的西部，东与凯里市舟溪镇情郎村接壤，南与本乡石桥村、窑货村相邻，西与麻江县卡乌村、枫香村交界。清江村距离南皋乡政府 6 千米，距离丹寨县政府约 38 千米。清江村位于南皋河与清水江的交汇处，面积 10 平方千米，耕地面积 39.07 公顷，山林面积 133.33 公顷。[①] 清江村西部为由南向北流淌的清水江，北部为情郎山的南端，南部为窑货大岭岗的北端。南皋河是清水江的重要支流，河面宽 25 米，水流较为湍急，它从清江村与卡乌村的交界处汇入清水江。清江村境内南皋河两岸多为低山，平均海拔 600 余米。

清江村现所在地在隋朝属牂牁郡，唐朝属黔中道应州地，宋朝为夔州路绍庆府所领 56 羁縻州南部东段地带，元代始有建置。元至元年间，其地为都云安抚司和定云府间地。至正十三年（1353 年），朝廷在坝干置天坝长官司[②]，管理今县境及巴榔、阳基等地苗疆土司事务。明洪武七年（1374 年），天坝长官司归顺明廷。十三年（1380 年），改为苗夷长官司。明洪武十八年（1385 年），苗夷长官司直隶天坝安抚司，仍管理原境土司事务。清康熙十一年（1672 年），改隶都匀府，并将巴榔等地划入都匀。雍正七年十二月（1730 年 1 月），朝廷

① 文朝景：《南皋乡志》（未刊稿），第 311 页。

② 贵州省丹寨县地方志编纂委员会编《丹寨县志（1991—2015）》（上），方志出版社，2016，第 41 页。

准建八寨厅，厅治在今老八寨。厅辖4个土司：夭坝司、扬武司、排调司、永安司，其中南皋隶属永安司管辖。

图1.1　清江村的核心区域，左侧为大寨，右侧为岩寨（田仕摄）

民国三年（1914年）元月十二日，废麻哈州建麻哈县，辖区包括卡乌寨（清江）。民国九年（1920年），废道，县直隶于省。卡乌寨归属于八寨县第四区第二保。民国十二年（1923年），八寨县与麻哈县就卡乌寨归属发生纠纷，省长公署裁决卡乌寨归属麻哈县。民国二十一年（1932年），奉省政府令，八寨县政府划分乡、镇，原5个区不变，将26个保改置13个镇11个乡，卡乌寨归属第四区南皋镇。民国二十九年（1940年），南皋镇的岩寨（即卡乌）划归麻江县宣威乡公所。

1951年清江地区成立岩寨大队，属麻江县宣威管理区卡乌村。此期间的卡乌村的区划范围既包含现清江村（时称卡乌大寨）又包含现卡乌村（时称卡乌河口）。1956年岩寨大队成立清江高级社。1958年12月，国务院裁撤丹寨县与麻江县，在原县境内成立了丹寨人民公社与兴仁人民公社，岩寨隶属于兴仁人民公社。20 世纪 50 年代末，自然灾害导致粮食减产，卡乌河口受灾尤其严重，卡乌大寨持续为卡乌河口供应粮食，两地渐渐因生活物资的分配产生矛盾，渐生嫌隙。1961 年 8 月，麻江县恢复建制，丹寨人民公社改称丹寨区，隶属于麻江县，岩寨大队属麻江县兴仁区公所南皋人民公社管理委员会。1962 年 10 月，国务院批准恢复丹寨县建制，同年卡乌河口与卡乌大寨经政府调解后分家，卡乌大寨归入丹寨县南皋人民公社管理委员会，称清江大队。1963 年，大兴人民公社管理委员会和南皋人民公社管理委员会合并称新南人民公社管理委员会，辖清江大队。1968 年 7 月，改称清江大队革命生产委员会属新南人民公社革命委员会，辖 5 个生产队，计 112 户 517 人。1981 年 5 月，改称清江大队管理委员会隶属新南人民公社管理委员会。1984 年 8 月，改称为清江大队管理委员会，属新南乡人民政府。同年 10 月 10 日，新南乡人民政府更名为南皋乡人民政府，清江村村委会隶属其下至今。①

清江村所在地河谷深切，气候温和，雨量充沛。这里 1 月均温 5.6℃，7 月均温 24.1℃，年均温 15.9℃。无霜期 267 天，年降水量 1300 毫米。全村耕地面积 39 公顷，其中田 24 公顷，土 15 公顷。当地以种植业为主，主要种植水稻、玉米、小麦、黄豆、小米、红薯等作物，日常饮食以大米为主；蔬菜主要有油菜、豆类、魔芋等；经济作物有烟叶；果树主要有杨梅树、李树、梨树、樱桃树、桃树等。

清江村民绝大多数都姓田，只有少数几家为李、余姓氏，田氏最早迁居于此。清江村民间手工艺匠人多种多样，有石匠、木匠、银匠、篾匠以及刺绣编织匠人。清江苗寨作为典型的苗族聚居地之一，拥有非常丰富的民族文化生活，主要表现在：民间歌谣形式多样，包括木鼓歌、情歌、酒歌、姊妹歌、劳动歌、起房造屋歌等；民间舞蹈种类繁多，包含木鼓舞、芦笙舞、板凳舞、喝酒舞等；民族节日除春节之外，还有苗族翻鼓节、祭桥节、三月三、四月八、粽粑节等。

---

① 文朝景：《南皋乡志》（未刊稿），第 77 页。

其中又以每年农历二月的翻鼓节最为隆重，庆典中的主要项目有祭祖、跳鼓舞、斗牛、唱歌。周围村寨的男女老少甚至外地游客都会在翻鼓节汇聚一堂，欢歌乐舞，热闹非凡。2006 年，清江村翻鼓节入选贵州省第一批非物质文化遗产，使之在贵州广为人知，成为清江村一张耀眼的文化名片。清江村目前下辖大寨、岩寨、大冲、月亮坡、新村 5 个自然寨，共有 5 个村民小组，村民委员会驻大寨。

图1.2　清江村翻鼓节时盛装的苗家少女（黄晓海摄）

大寨为清江村民委员会驻地，第二、第三村民小组分布于此。在 5 个自然寨中户数最多，故称大寨。寨子位于南皋河河谷北岸半山，房屋面向西南。大寨耕地面积 14.6 公顷，其中田 9.87 公顷，主要分布于寨子上方的山顶；土 4.73 公顷，多数分布在清水江对岸的麻江县宣威镇，也就是“插花地”。

图1.3　清江村大寨航拍图（清江村村委会提供）

岩寨位于大寨西南方向的半山腰上，两寨相距 300 米，隔南皋河相望。岩寨是第一村民小组所在地。整个村寨依山面水呈条块状分布，建筑面向东北与大寨相对。岩寨耕地面积 9.67 公顷，其中田 6.2 公顷，主要集中于后山以及寨子入口处的河边，土 3.47 公顷。

图1.4　清江村岩寨航拍图（清江村村委会提供）

大冲位于大寨西北部500米的山冲里，村民属第四村民小组。寨子建于半坡平地上，寨子东部为梯田，西部为山坡，建筑类型多为吊脚楼，耕地多为梯田，梯田面积1.2公顷，土0.47公顷。

图1.5　清江村大冲航拍图（清江村村委会提供）

月亮坡自然寨位于大寨西部1千米的月亮坡上，村民属第四村民小组。1979年大冲发生洪水灾害，部分居民房屋受到损坏，故从大冲寨迁来月亮坡居住。寨子以山名命名，村民在寨内的地理分布比较松散，总体上集中在月亮坡坡顶。建筑以瓦顶木质吊脚楼为主。耕地面积1.67公顷，其中田1.13公顷，土0.53公顷。

新村位于清江村的西北方，村民属第五村民小组。新村现址距离其他四个自然寨均比较远，虽然建制时间不长，却有不少历史遗留的问题。麻江县的卡乌村与清江村村民的土地一直以来都是相互穿插着的，即我们俗称的“插花地”，清江村在麻江地界上有46公顷左右的土地，这种“插花地”状态一直维持到现在。后来清江村人口发展，原有的居住地难以容纳迅速发展的人口，而卡乌村村民不同意清江村用新村的土地置换其在清江村的土地。于是，2000 年丹寨县政府拨款在麻江县地界新建了属于丹寨行政区划的新村居民区。

图1.6 清江村月亮坡航拍图（清江村村委会提供）

新村自然寨的民居整齐划一，全部为汉族聚居区常见的砖石混凝土结构，与清江村其他四个自然寨密布的吊脚楼样式格格不入。这种建筑风格的形成是有多方面原因的。首先，新村位于一片平坦的山谷之内，不必采用吊脚楼这种适于山坡构造的形式，而且新村的建设开始于 21 世纪，相较于木质结构，更为坚固耐久的砖瓦建筑样式已渐渐为一些苗民所接受。其次，新村的建设是由丹寨县政府拨款并招标工程队来修建的。因现在的工程队主要是承接汉族建筑，面对规模性建筑群，其首选的必然是汉族居住的砖瓦建筑。最后，新村作为清江村在麻江县宣威镇内的一块飞地，在地理环境上被宣威镇的罗伊村、翁保村、富江村、卡乌村所包围，这些村落以苗族为主，民居也多为木质吊脚楼，丹寨县为了昭示新村土地的归属权在丹寨而不在麻江，最有效的方法就是在聚居群落的建筑外观上与麻江木质吊脚楼形成鲜明反差。这种彰显归属权的方式，在“飞地”这一行政地理现象中表现得最为明显。这一问题较为复杂，我们将在后文详细论述。

图1.7　新村全景（伊明摄）

第二节　地形地貌

贵州是一个高原省份，境内山脉众多、重峦叠嶂、绵延纵横、山高谷深。主要地貌为高原、山地、丘陵和盆地，加之自然水系比较发达，素有“八山一水一分田”之说。此外，省境内岩溶地貌发育非常典型，喀斯特地貌形态类型齐全、分布广泛。同样地，喀斯特山群和间杂其间的盆地也成了清江村一带的代表性地貌形态。

图1.8　清江村所处的喀斯特地貌环境（伊明摄）

南皋乡地处苗岭山系东段雷公山西南麓，是贵州高原向广西丘陵过渡的斜坡地带，地势东南高西北低。境内多山且陡峭，最高海拔点在四方山顶，有1321.8米；最低海拔点在清江河口，亦达到了625米。[①] 清水江流经南皋乡西部，由南向北再转向东流，最后作为支流之一汇入长江。都柳江水系则流经南皋乡南部，由西向东，最终汇入珠江水系。自古生代以来，南皋乡经历了燕山造山运动，地表不断上升形成山脉。第四纪初，随着清水江、都柳江两大水系的侵蚀，支流河网开始形成。山地受到切割后，形成了今日峰岭连绵、谷地相间的高差较大的低中山地貌。[②]

清江村所在的丹寨县处于江南台隆和黔南坳陷之间，出露的地层较为齐全，地层类型为沉积岩地层。地质时期时间跨度大，包括前震旦纪、震旦纪、寒武纪、奥陶纪、志留纪、泥盆纪、石炭纪、二叠纪等。境内露出的地层除三叠纪、侏罗纪、白垩纪没有发现外，其余几个地质年代地层均有出露。清江村

① 文朝景：《南皋乡志》（未刊稿），第134页。

② 贵州省丹寨县地方志编纂委员会编《丹寨县志（1991—2015）》（上），方志出版社，2016，第48页。

一带受曼洞断层的影响，其地层走向由东北向南西，地质年代由新到老。清江村境内尤以以下几个时期的地层最具代表性：

1. 奥陶纪

分布于南皋乡清江西部边缘，出露地层有红花园组。其岩层主要为灰色中厚层晶灰岩、生物碎屑灰岩，该地层厚度 0 ～ 300 米。[①]

2. 志留纪

分布于南皋乡清江，仅见于翁项组。岩层属性为紫红和灰绿色砂岩、泥岩及页岩，底部为底砾岩。地层厚度 330 ～ 470 米。[②]

3. 石炭纪

分布于清江至穿洞一线，仅出露中、上部地层，见于祥摆组和摆佐组。祥摆组属于灰、灰黄、灰白色薄至中厚层石英砂岩与灰黑色炭质页岩，厚度 20 ～ 40 米。摆佐组下部为中厚层至厚层白云质灰岩，颜色为灰至深灰色；上部为灰至浅灰色中厚层至厚层灰岩、白云质灰岩及白云岩，厚度 100 ～ 150 米。

第三节　生物资源

贵州省地处偏远的中国西南地区，境内多山，可用耕地面积小，地广人稀，历朝历代的中原王朝均未对其进行重点开发，客观上比较完好地保护了当地的生态资源。另一方面，贵州为少数民族聚居区，境内有苗族、布依族、侗族、土家族、彝族、仡佬族、水族、回族、白族、瑶族、壮族、畲族、毛南族、满族、蒙古族、仫佬族、羌族等 17 个世居少数民族。这些少数民族保留着自然崇拜的传统，即相信万物有灵，不得随意伤害，所以民族信仰也在客观上对境内动植物等生物资源形成了保护。

---

① 文朝景：《南皋乡志》（未刊稿），第 132 页。

② 文朝景：《南皋乡志》（未刊稿），第 132 页。

一、植物资源

清江村境内植被属于亚热带常绿阔叶混交林、长绿落叶林、高山灌木林、针叶林等。[①] 清江村的产业主要为种植业，没有对环境破坏较大的工业，故保存着比较完好的自然环境。境内山高林密，植物茂盛，种类众多。植物共计有124科432种，其中具有代表性的木本植物有松、杉、油桐等。因为贵州属亚热带季风气候，且阴湿多雨，这里的蕨类植物也极其繁盛。

清江的榉树是榆科榉属的一种落叶乔木，又名光叶榉。榉树高可达30米，胸径达100厘米；树皮灰白色或褐灰色，呈不规则的片状剥落；当年生枝紫褐色或棕褐色，叶片呈卵形、椭圆形或卵状披针形，长2～9厘米，宽1～4厘米。该树种喜光、喜温暖环境。

在清江村大寨的楠木林中有一棵树龄达千年的榉树，极为粗壮，树围需两个成年人合抱。这棵树又是大寨的保寨树，村民认为它可以庇佑村寨平安，故格外地尊重与保护它。

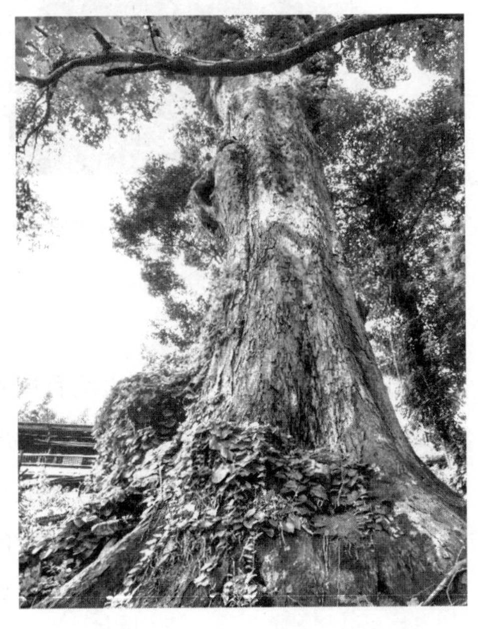

图1.9 大寨的保寨树——千年榉树（伊明摄）

清江村的楠树为樟科楠木属大型常绿乔木，最高可达30余米，树干笔直。芽鳞被灰黄色贴伏长毛；小枝通常较细，有棱或近于圆柱形，被灰黄色或灰褐色长柔毛或短柔毛；叶革质，椭圆形，长圆状倒披针形或窄椭圆形，长5～11

① 贵州省丹寨县地方志编纂委员会编《丹寨县志（1991—2015）》（上），方志出版社，2016，第63页。

厘米，宽 1.5 ～ 4 厘米。圆锥花序腋生，被短柔毛，长 4 ～ 9 厘米；楠木种子属多胚型，每粒种子能抽出 2 ～ 3 棵幼苗。楠木的花期在 5 ～ 6 月，果期在 11 ～ 12 月。

图1.10　位于大寨的楠树（伊明摄）

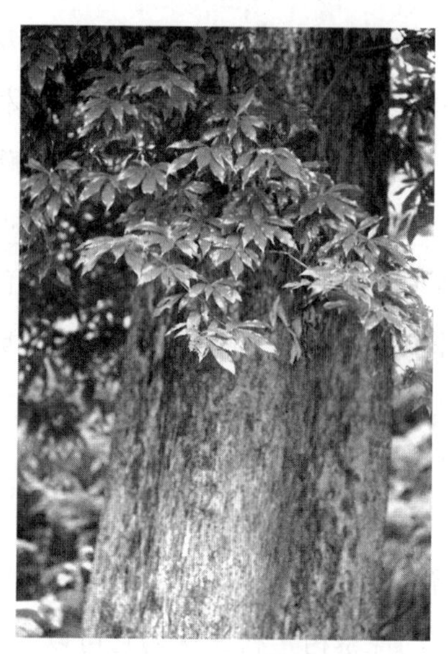

图1.11　楠树的叶片样貌（伊明摄）

在清江村的各个自然寨里均有楠木分布，或两三株或几十株成林，其中大寨寨顶楠木林中的楠木数量最多、树形最为壮观。在这个楠木群中，树围超过 50 厘米的就达 41 株，其中更有四五株树龄在 500 年左右，树干需两人合抱。明清时代，楠木作为皇家专用建材在贵州被大量采伐，近现代也因市场价格走高受到破坏性开采，所以目前楠木较为稀有，尤其是清江村的这种树龄较高的植株个体，受到国家法律和当地村民的保护。

清江村的枫香树为金缕梅科枫香树属落叶乔木，高 20 ～ 40 米。树皮灰褐色，表面呈方块状剥落。叶片为单叶互生，外观心形，常分为三个裂片，幼时及萌发枝上的叶多为掌状 5 裂叶片，裂片卵状三角形或卵形边缘有细锯齿。雄花淡黄绿色，生于枝顶；雌花排成圆球形的头状花序。头状果序圆球形，表面有刺。花期在 3 ～ 4 月，9 ～ 10 月为果期。[①] 枫香树树脂供药用，能解毒止痛，止血生肌；根、叶及果实亦可入药，有祛风除湿、通络活血的功效。枫香树木质较为坚硬，可制家具及贵重商品的装箱。清江村的枫香树在大寨、岩寨、月亮坡均有分布，其中大寨分布较多。

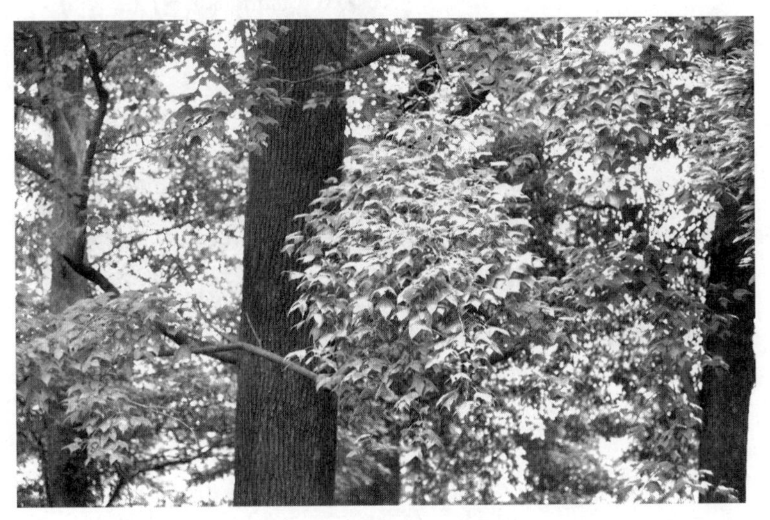

图1.12　枫香树（伊明摄）

清江村的马尾松为松科松属乔木，树皮红褐色，表面开裂，呈不规则鳞状块。针叶两针形成一束，边缘有细锯齿。雄球花淡红褐色，圆柱形，作弯垂穗状；雌球花单生或 2 ～ 4 个聚生于新枝顶端，呈现淡紫红色。雌雄结合生成的球果呈圆球形或卵圆形。[②] 马尾松具有重要经济价值，其木材是工农业生产

① 杨辉霞、岳桂华、于爱华主编《1000 种常见植物野外识别速查图鉴》，化学工业出版社，2016，第 480 页。

② 杨辉霞、岳桂华、于爱华主编《1000 种常见植物野外识别速查图鉴》，化学工业出版社，2016，第 372 页。

上的重要用材。树干可割取松脂，为医药、化工原料；根部树脂含量也相当丰富；树干及根部可培养茯苓、蕈类，供中药及食用。清江村的马尾松主要分布于月亮坡的山路两侧，为自然生长而成。

图1.13　月亮坡的马尾松（伊明摄）

清江村的杉木为杉科杉属常绿乔木，其树冠为尖塔形。树皮呈开裂的鳞片状，淡褐色。叶线状披针形，先端逐渐尖锐，基部下延到枝上而扭转，边缘有细锯齿，上面光绿，下面有阔白粉带两条。雄花序呈圆柱状，基部有覆瓦状的鳞片；雌花单生或 3 ～ 4 朵簇生枝梢，球状。球果圆卵形，长 2.5 ～ 5 厘米，鳞片革质淡褐色，顶部比较尖锐。种子有狭翅。[①] 杉树的根与树皮均可入药，有祛风止痛、散瘀止血之效。同时，杉树也是建筑、桥梁、造船、矿柱、家具等的主要材用树种之一。清江村的杉木主要生长于月亮坡，沿着山下前往月亮坡自然寨的道路两侧有规律地分布着众多的杉树，其中大部分为人工栽种。

① 杨辉霞、岳桂华、于爱华主编《1000 种常见植物野外识别速查图鉴》，化学工业出版社，2016，第 375 页。

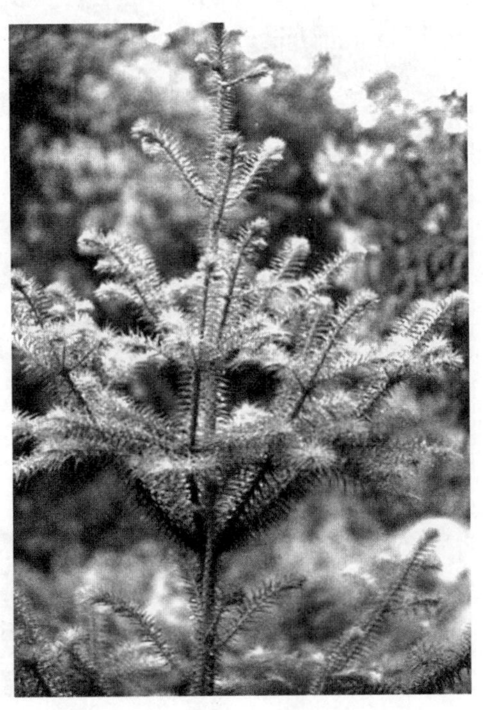

图1.14　月亮坡的杉木（伊明摄）

清江村的油桐为大戟科油桐属落叶乔木。树枝粗壮，皮孔灰色。单叶互生，叶片革质，卵状心形，先端渐尖，基部为心形或楔形，叶片全缘或有 3 个浅裂，叶柄长达 12 厘米。花排列于枝端成短圆锥花序，花瓣 5 片，花朵白色，基部有橙红色的斑点与条纹。核果近球形。花期在 4 ～ 5 月，果期在 10 月。[①] 清江村的油桐主要分布于岩寨的后山。

① 杨辉霞、岳桂华、于爱华主编《1000 种常见植物野外识别速查图鉴》，化学工业出版社，2016，第 394 页。

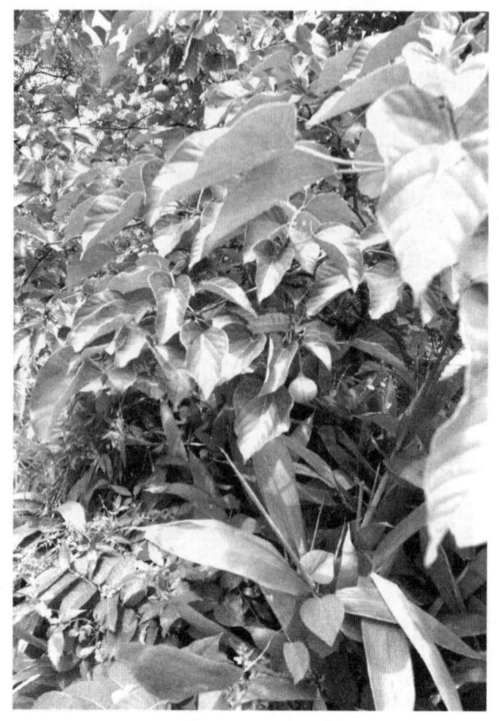

图1.15　岩寨后山的油桐（伊明摄）

清江村的土人参是马齿苋科土人参属一年生草本植物，高 60 ～ 100 厘米。叶片为肉质互生叶，倒卵形或倒卵状长圆形，叶片基部渐狭而成短柄。茎直立呈圆柱形。圆锥花序顶生或侧生，花为淡紫红色小花，花瓣 5 枚。蒴果近球形，成熟时呈红褐色。花期在 6 ～ 7 月，果期在 9 ～ 10 月。主要生于田野、山坡、沟边等阴湿处。[①] 土人参不仅可供观赏，根还可入药，茎叶也可食用，可炒可做汤，是一种药蔬兼用植物。土人参在清江村分布较广，岩寨与大寨山顶均可见，一般四五株聚集生长。

① 杨辉霞、岳桂华、于爱华主编《1000 种常见植物野外识别速查图鉴》，化学工业出版社，2016，第 25 页。

图1.16　土人参的果实（伊明摄）

贵州地区多山多雨，而蕨类植物喜阴湿环境，所以贵州地区蕨类植物繁盛。清江村也不例外，在这里可以观察到姬蕨、铁角蕨、鳞毛蕨等多种蕨类植物。清江村的姬蕨为姬蕨科姬蕨属大形蕨类植物。根状茎长并横向生长，密被棕色节状长毛。叶疏生，柄暗褐色，叶片长卵状三角形，三至四回羽状深裂，顶部为一回羽状；羽片卵状披针形，先端渐尖，密生灰色腺毛，近互生，一回小羽片披针形或阔披针形，先端渐尖，二回羽片长圆形或长圆披针形，先端圆而有齿，基部近圆形，末回裂片长圆形，边缘有钝锯齿，下面中脉隆起，第三对羽片长圆披针形或披针形。叶片为硬草质或纸质，孢子囊位于叶片的背面，呈圆形，囊群盖由锯齿反卷而成，孢子囊为棕绿色或灰绿色。姬蕨全草入药，有清热解毒和收敛止血的功效。姬蕨一般生长在海拔500 ～ 2300 米的山地背阴地带，在清江村域内各处均有分布，一般生长于乔木的树荫下。

图1.17　姬蕨（伊明摄）

二、动物资源

清江村地区丰富的植物资源和丰沛的小溪河流为各种动物繁衍生息提供了良好的环境，连绵不断的山脉也为动物提供了远离人类的隐蔽场所。在清江村比较常见的动物有野猪、果子狸、赤狐等。

清江村的野猪是偶蹄目猪科猪属动物，是世界上地域分布最广的陆生哺乳动物之一。野猪是家猪的祖先，体长 0.9 ～ 1.8 米，其中雄性体型比雌性大，并有突出嘴外的獠牙，身上具有粗糙的刚毛，一般为黑灰色、黑色或褐色，沿脊椎生长有突出的长鬃毛。小野猪为暗黄色，背部和侧面有浅色的条纹。野猪一般在浓密的灌丛中做窝，由树叶、干草等铺建。雌性通常会组成 20 只左右的联合体，以便对小猪进行组织严密的保护。野猪的食谱很杂，从植物、菌类、昆虫、鸟卵到小型哺乳类、爬行类动物都在其食谱内。野猪能够快速奔跑，擅长游泳，常活动在热带或温带森林和湿地中。① 清江村村民种植了大面

① 朱丽叶·克鲁顿 - 布罗克主编《哺乳动物》，王德华、杨明、杨俊成等译，中国友谊出版社，2004，第 324 页。

积的土豆和玉米，这些作物都在野猪的采食范围内，所以清江村时常会发生野猪破坏农田的事件。在我们调查期间，村民们经常说野猪是他们头痛的问题，但从生态的角度来看，这也说明了清江村生态环境良好。

图1.18　月亮坡玉米地（伊明摄）

清江村的果子狸是食肉目灵猫科花面狸属的动物。果子狸体长 48 ～ 50 厘米，体重 3600 ～ 5000 克。体毛短而粗，体色为黄灰褐色，头部毛色较黑，由额头至鼻梁有一条明显的色带，眼下及耳下有白斑，背部体毛为灰棕色。尾长 37 ～ 41 厘米，将近体长的一半。果子狸主要栖息在森林、灌木丛、洞穴中。果子狸为夜行性动物，喜欢在黄昏、夜间和日出前活动，善于攀缘。属杂食性动物，以野果和谷物为主食，也吃树枝叶。肛门附近具臭腺，遭敌时会释出异味驱之。

清江村的赤狐是食肉目犬科狐属的动物，因身上生有火焰色的皮毛而得名。赤狐体长 58 ～ 90 厘米，尾长 32 ～ 49 厘米。皮肤颜色除了主体为红色外，耳朵的背面通常是黑色的，下肢和足也多呈黑色。赤狐全天活动，主要以兔类和鼠类为食，也取食其他食物，甚至腐肉和垃圾。它会将吃不完的食物掩藏起来，之后再凭借强大的记忆力找到。它栖身于土制的巢穴内，主要的社群单元包括一只雌狐和一只雄狐。每年的晚冬或早春，赤狐进行交配繁殖。[①] 清江村连绵的山脉和广阔的农田，使得兔类与鼠类有了丰富的食物来源而大量繁殖，同时，位于兔、鼠生物链上层的赤狐也因此得以在清江村域内扩大种群。

三、昆虫资源

清江村具有较高的森林覆盖率，植物种属众多，完好的植被生态系统给昆虫提供了绝佳的生存繁衍环境，因此清江村的昆虫资源较为丰富。贵州省地处亚热带地区，鳞翅目昆虫繁盛是其生物资源的一大特点，而清江村作为贵州省山坳深处生态环境保存完好的地域，这里以蝴蝶和蛾为代表的昆虫资源尤为丰富。下面就我们在清江村观察到的一些昆虫进行简要介绍。

清江村的蚁狮是脉翅目蚁蛉科蚁狮属下的一种昆虫。身体近似纺锤形，头和前胸较小，腹部肥大，体表生有毛瘤。蚁狮头部扁平，前端有一对形如钳状的弯管状口器，为中空的刺吸式口器。其成虫称蚁蛉，外形似豆娘。蚁狮为肉食性昆虫，以其他昆虫为食，幼虫生活于干燥的地表下。通过在沙质土中制造漏斗状陷阱来诱捕猎物，蚁狮将自己埋在坑底，仅露上颚在外，当昆虫不慎滑入坑底时，蚁狮便从坑底爬出捕食，用中空的口器吸食昆虫体液。

图1.19　躲藏在羽毛下伺机捕猎的蚁狮
（伊明摄）

---

① 朱丽叶·克鲁顿-布罗克主编《哺乳动物》，王德华、杨明、杨俊成等译，中国友谊出版社，2004，第 218 页。

我们在清江村穿洞所观察到的蚁狮，长 30 毫米左右，整体灰褐色，头部的刺吸式口器上带有多对硬刺，以便在捕食昆虫时固定住猎物。这只蚁狮躲藏在岩壁上的一片羽毛下等待捕食，这是因为有些种类的蚁狮不筑坑，而是躲在隐蔽处捕食路过的昆虫。

清江村的尺蠖是昆虫纲鳞翅目尺蛾科的一种昆虫幼虫。尺蠖身体细长，行动时屈伸呈“几”字拱桥形，休息时身体紧贴植物，并斜向伸出模仿树枝状，这种行为称为拟态，是一种自我保护的生存策略。尺蠖为完全变态昆虫，成虫称为尺蛾。尺蠖危害果树、茶树、桑树、棉花和林木等。

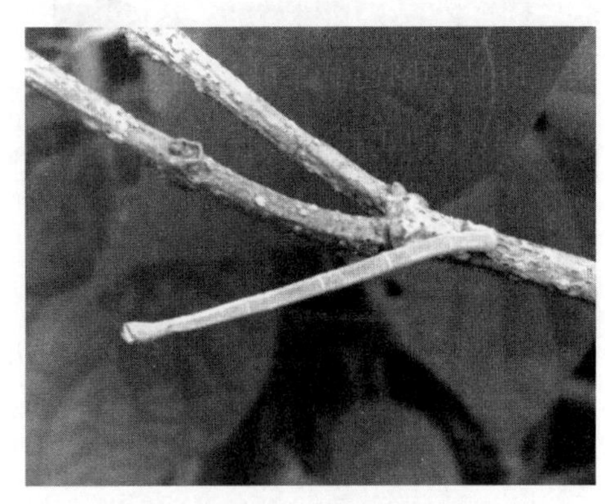

图1.20　抓握在树枝上的尺蠖
（伊明摄）

在清江村考察所见的尺蠖发现地是在大寨山顶水库附近，这只尺蠖呈淡绿色，长约 50 毫米。隐蔽时以尾部的两对伪足紧握植物表面，虫体倾斜向前，拟态为树枝。一旦受惊，则自动脱落掉入草丛中隐蔽。

清江村的异色灰蜻为蜻蜓目蜻科灰蜻属昆虫。雄虫腹长约 34 毫米，后翅长约 40 毫米；雌虫腹长约 32 毫米，后翅长约 41 毫米，均属中小型蜻蜓。雌雄异色，雄虫灰色，雌虫黄色，前后翅基有深褐色斑。雄虫胸、腹部及翅基部为蓝灰色，外表有粉末，腹端黑色，翅端褐色。雌虫胸部有黑黄相间条状斑，背侧中央黑色，腹部背侧黄色，具黑色纵条，腹侧黑色。成虫出现于 5 ～ 10 月，生活在低海拔的静水环境中。雄性常在水边游弋寻找配偶，有强烈的领地意识，会驱逐同种同性别个体。[①]

---

① 彩万志、李虎：《中国昆虫图鉴》，山西科学技术出版社，2015，第 25 页。

图1.21 异色灰蜻（伊明摄）

图1.22 透顶单脉色蟌泛着金属色（伊明摄）

清江村异色灰蜻的观察点位于南皋河岸边，这里水草丰茂，正是蚊虫繁衍聚集的地方，也是异色灰蜻极好的捕食场所。

清江村的透顶单脉色蟌为蜻蜓目色蟌科单脉色蟌属昆虫。雄虫腹长约34毫米，后翅长约40毫米；雌虫腹长约32毫米，后翅长约41毫米。雄虫头部色泽个体间有差异，额及头顶暗绿色，额中央具凹陷，头顶具3个明亮的单眼；前胸暗绿色，背板具3条纵沟；合胸暗绿色，有光泽；腹部背面绿色或暗绿色；翅黑色或褐色，无翅，基半部横脉白色；足褐色，细长，具长刺。雌虫体型似雄虫，体色也有差异。透顶单脉色蟌的成虫发生期在7～8月，栖息于山区溪流环境中。①

在清江村南皋河岸边的树丛中观察到的透顶单脉色蟌为雄虫，休息于背阴灌木丛中，体表在阳光下泛出金属绿色。其体型在均翅亚目中属大型，飞行时发出沉重缓慢的振翅声音，飞行路线并不规则。因为透顶单脉色蟌的采食、繁殖活动

① 彩万志、李虎：《中国昆虫图鉴》，山西科学技术出版社，2015，第25页。

都在有水的环境中进行，所以其活动区间也基本以南皋河两岸为主。

清江村的长尾大蚕蛾为鳞翅目大蚕蛾科尾蚕蛾属昆虫，是世界上尾突最长的蛾类，翅展 90 ～ 120 毫米。雄蛾体橘红色，翅杏黄色为主，外缘有粉红色带；雌蛾体青白色，翅粉绿色为主。雌、雄蛾前翅中室带有眼状斑，后翅均有一对非常细长的尾突。成年蛾体白色，触角为羽毛状、黄褐色，前胸前缘有紫红色条带连接两翅，肩板后缘淡黄色；前翅粉绿色，外缘黄色；后翅后角的尾突延长成飘带状，尾突橙红色，近端部黄绿色。一年发生两代，成虫在 4 月和 7 月间出现。长尾天蚕蛾为一种日行蛾类，由蛹化蛾之后，其口器不具备采食功能，成为蛾后仅能存活 10 天左右，在这一生理阶段内它的主要任务就是交配繁衍。

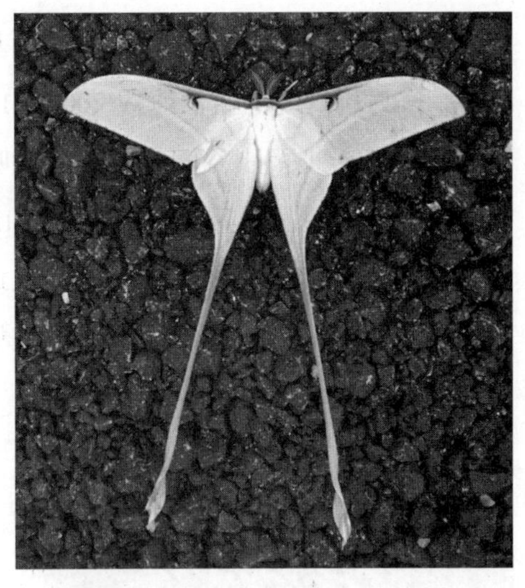

图1.23　长尾天蚕蛾雄虫（伊明摄）

清江村的绿尾天蚕蛾为鳞翅目大蚕蛾科尾蚕蛾属昆虫，翅展约 120 毫米。体粉绿白色，头部胸部及肩板基部前缘有暗褐色条带，翅青白色，基部有白色短茸毛，前翅前缘暗紫色，翅外缘黄褐色，外线不明显黄褐色，中室末端有眼斑 1 个，中间有一长条

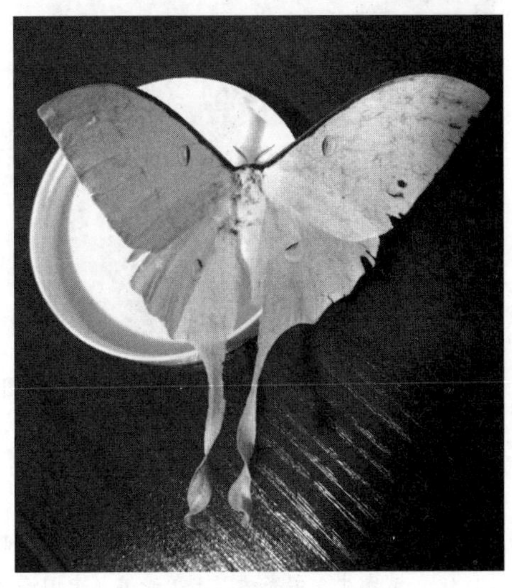

图1.24　绿尾天蚕蛾（伊明摄）

透明带，外侧黄褐色。后翅也有1枚眼斑，形、色同前翅，但略小。后角的尾状突出，长约40毫米。寄主为柳树、枫杨树、梨树、樱桃树、胡桃树等。①

清江村的二尾蛱蝶是蛱蝶科尾蛱蝶属的一种蝴蝶。二尾蛱蝶是一种飞行迅速，有着两对尾突的美丽蝶种。翅展70～75毫米，翅正面黄绿色，前翅基部淡黑色，前缘有1条黑色宽带。后翅基部淡黑色，外缘黑色，亚缘有1列黑色小点。② 二尾蛱蝶分布于海拔700～1000米处。成虫在中午活动频繁，多活动于林间的开阔地及山谷间。雄虫喜欢吸食动物的粪便以获取盐分。其寄主植物为山合欢、颔垂豆、黑点樱桃、异色山黄麻、台湾朴。③

我们在清江村大寨观察到的二尾蛱蝶，当时正落在晾晒着的染布上。这是因为苗族染布时会使用猪血等作为染料，而猪血中含有盐分，所以吸引了二尾蛱蝶前来。

图1.25　染布上的二尾蛱蝶（伊明摄）

图1.26　苗族染布会使用猪血作为染料（伊明摄）

---

① 彩万志、李虎：《中国昆虫图鉴》，山西科学技术出版社，2015，第291页。

② 武春生、孟宪林、王蘅等编《中国蝶类识别手册》，科学出版社，2007，第142页。

③ 陈晓鸣、周成理、史军义等：《中国观赏蝴蝶》，中国林业出版社，2008，第121页。

清江村的青凤蝶为鳞翅目凤蝶科青凤蝶属昆虫。翅展80毫米左右，翅黑色或浅黑色。前翅有1列青色的方斑，从顶角内侧开始斜向后缘中部，从前缘向后缘逐斑递增。后翅反面的基部有1条红色短线，翅中后区有数条红色斑纹。[①] 主要寄生于樟树、沉水樟、红楠、香楠、大叶楠、山胡椒等植物上。成虫3～10月出现，常于早上和黄昏在潮湿开阔地带活动，尤其是湿地、水池旁。

图1.27　南皋河河滩边的青凤蝶（伊明摄）

清江村观察到青凤蝶的位置是在南皋河河滩边上，河水以及岸滩上的牛粪富含矿物质和无机盐，青凤蝶可以在此采食维持生理机能。此外，清江村拥有较多的樟树和楠木，它们均是青凤蝶的寄主植物，所以清江村青凤蝶数量较多。

清江村的黑蚱蝉是半翅目蝉科蚱蝉属昆虫。成虫体长约45毫米，前胸背板黑色有光泽，较粗壮。头部较宽，触角细短。前翅透明，翅脉红棕色，基部颜色偏红，翅膀由基部到末端颜色渐深。腹部亮黑色，胫节带有红斑。生活于低海拔平原，若虫孵化后钻入地下，靠吸食乔木根部汁液生活，若虫生活期一般有12～13年，经几次蜕皮后钻出地面羽化为成虫。成虫多栖于柳、枫杨及苹果梨、桃、杏等阔叶树木上。鸣声响亮，是国内最常见的鸣虫。[②]

---

① 武春生、孟宪林、王蘅等编《中国蝶类识别手册》，科学出版社，2007，第62页。

② 彩万志、李虎：《中国昆虫图鉴》，山西科学技术出版社，2015，第112页。

大寨山坡上树林茂密，乔木较多，是黑蚱蝉极好的采食地点。正午时分，这里蝉鸣震耳，说明黑蚱蝉数量极多。

图1.28　黑蚱蝉是一种身体较为粗壮的蝉（伊明摄）

清江村的中华稻蝗是直翅目斑腿蝗科稻蝗属昆虫。雄虫体长 25 ～ 30 毫米，雌虫体长 28 ～ 35 毫米。通体黄绿色或者黄褐色。头顶两侧在复眼后方有 1 条黑褐色纵带，经过前胸背板两侧，直达前翅基部。前翅腹板圆锥状，前翅长度超过后足股节末端。中华稻蝗在南方一年发生两代，第一代成虫出现于 6 月上旬，第二代成虫出现于 7 月上中旬。中华稻蝗喜取食水稻叶片、茎秆和谷粒，在稻田、荒草地常可见到。成虫具有趋光性，活动能力较强。在受到威胁或被捕捉时，口中会吐出棕褐色刺激性液体。[①]

① 彩万志、李虎：《中国昆虫图鉴》，山西科学技术出版社，2015，第 77 页。

清江村发现的中华稻蝗位于南皋河边岩寨下的稻田附近，因为中华稻蝗主要取食水稻茎叶，故在水稻田附近的分布密度较高。

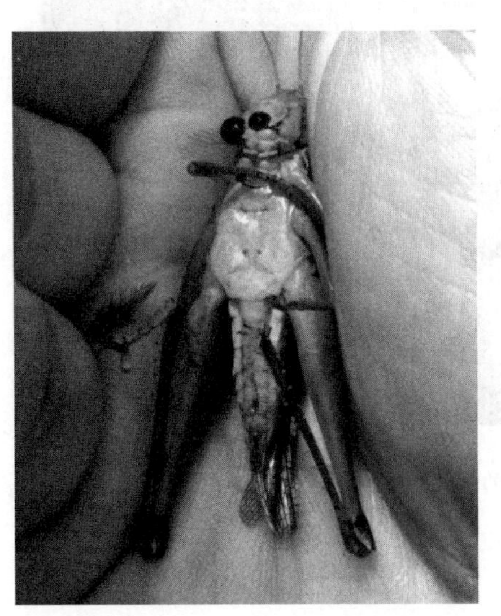

图1.29 中华稻蝗口中吐出的刺激性液体（伊明摄）

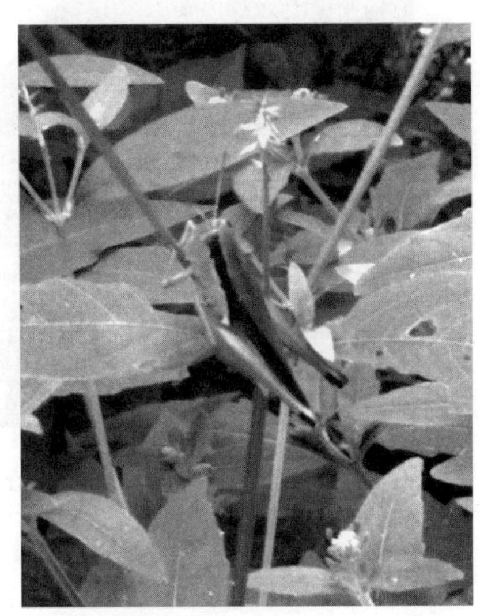

图1.30 中华稻蝗（伊明摄）

第四节 水文

清水江发源于贵州省都匀市谷江乡，在都匀称为剑江，都匀以下则改称马尾河，在岔河口地区因重安江汇入而称清水江，至湖南黔城汇入㵲阳河后称沅江。

清水江主流长达459千米，主要流经都匀市、麻江县、凯里市、台江县、剑河县、锦屏县，最终在天柱县流出贵州省境。

图1.31　清水江旖旎的风光（袁轶峰摄）

清水江的一条重要支流就是南皋河，南皋河正是流经清江村后汇入清水江的。南皋河发源于排佐坡北麓（又名老鹰嘴），从东至西流经卓佐、脚开、大寨、九门、南皋、石桥、清江等地，最终在清江与麻江卡乌的县界河口汇入清水江。南皋河属长江流域清水江支流，全长 25 千米，流域面积 114.98 平方千米，河流海拔在 622 ～ 1011 米，落差 389 米，平均流量 3.14 立方米 / 秒，河面宽度 35 ～ 85 米。自脚开以下，河谷较为宽阔，但因喀斯特地貌区水土流失严重，每当暴雨，两岸耕地、房屋常被洪水淹没。沿途汇入的有竹留河和乌皋河。①

① 贵州省丹寨县地方志编纂委员会编《丹寨县志（1991—2015）》(上)，方志出版社，2016，第 61 页。

图1.32　南皋河与清水江的交汇处（袁轶峰摄）

南皋河作为清江村的母亲河哺育了一代又一代清江人民，他们在南皋河畔耕种稻谷，在南皋河上饲养鸭群，在南皋河里放牧水牛。在炎热的夏天，三三两两的孩童在南皋河中欢畅戏水，成年人则来到岸边支起麻将桌，边搓麻将边闲聊农事家事，南皋河岸边便成了辛苦农作之后的绝佳休憩之地。可以说，南皋河渗入了清江人民生产生活的方方面面。清冽的河水、摇曳的碧波、险峻的石壁更是吸引了全国众多的旅游爱好者，逃离繁重压抑的城市生活，来到这里体验世外桃源般的闲适生活。

乌皋河是南皋河重要的支流，发源于八朵山，流经排寨、乌皋等地汇入南皋河。全长 10 千米，流域面积 24.38 平方千米，河流海拔 678 ～ 950 米，天然落差 272 米，平均流量 0.55 立方米 / 秒。乌皋河上建有两座电站，为当地居民提供了便捷的供电条件。[①] 这正是一种取之于自然的生活方式的体现，人与

① 丹寨县人民政府编《贵州省丹寨县地名志》（内部资料），1988，第 257 页。

自然在这里和谐、融洽。

清江村地区地下水资源丰沛，大气降水是这里地下水的主要补给来源，降水通过岩石的孔隙、裂隙、溶蚀管道补给地下水，地下水在孔隙、裂隙、溶蚀管道中径流，一部分补给深层地下水，一部分以裂隙泉、岩溶泉或地下河的形式排出地表。地下水运动的总体趋势是向北汇入长江水系。在喀斯特构造的地层下，水系皆南北展布，次级支流多近东西向，因此地下水的运动往往有上游北向径流、中游东西向径流、下游多北向排出的特征，这一现象在向斜两翼表现最为明显。

图1.33　南皋河是清江村民夏日休憩的绝佳场所（伊明摄）

地下水富集程度受区域地层、岩性、构造、地貌、气象与水文等因素影响，在不同的地质、地貌、气象水文条件下，地下水的赋存特征也有所改变。根据地下水赋存形式、水点出露特征可将区内地下水划分为碳酸盐岩类岩溶水、基岩裂隙水、松散岩类孔隙水三大类型，其中以岩溶水为主，裂隙水次之，孔隙水仅零星地分布在河床沉积之中，并多以潜水形式存在。

图1.34 南皋河是牲畜劳作后休息解乏的好去处（伊明摄）

由于清江村岩溶发育程度较差，地下暗河较少，地下水垂直循环深度不高，故地下水通过裂隙、溶蚀通道接受大气降水补给后，大部分沿溶蚀裂隙和构造裂隙流入区内最低侵蚀基准点乌皋河及南皋河，少量则以泉水的形式排出地表。

第二章　田氏苗族

第一节　田氏苗族口述史

苗族是一个历史悠久的民族，有文字记载以来，苗族经历了无数次的迁徙，造就了苗族大杂居、小聚居的人口分布格局。根据 2010 年人口普查统计，我国的苗族人口约为 9426007 人，在我国 56 个民族中占第 4 位。（见附录 1）苗族几乎分布于全国各地，但主要分布在贵州、湖南、云南、重庆、广西等地。据民国《贵州通志》记载，“三苗之后有九种，黔省最多”[①]。贵州是全国苗族人口最多的省份，黔东南地区又是贵州苗族最多的分布区。（见附录 2）而丹寨县是黔东南最重要的苗族分布区，根据 20 世纪 50 年代的统计，丹寨县苗族占其总人口的 78.42%。1982 年，第三次人口普查，苗族占总人口的 72.34%，占丹寨少数民族人口的 91.22%。1990 年，第四次人口普查，苗族占总人口的 74.30%，占丹寨少数民族人口的 88.80%。[②]2000 年第五次人口普查，苗族占总人口的 77.50%，占丹寨少数民族人口的 88.28%。2010 年第六次人口普查，苗族占总人口的 76.50%，占丹寨少数民族人口的 88.36%。2015 年，丹寨县人口统计，苗族占总人口的 77.97%，占丹寨少数民族人口的 87.96%。[③] 通过以

① 民国《贵州通志》卷十八《土民志一》，收入《中国地方志集成·贵州府县志辑》第 11 册，巴蜀书社，2016，第 300 页。

② 贵州省丹寨县地方志编纂委员会编《丹寨县志》，方志出版社，1999，第 160—163 页。

③ 贵州省丹寨县地方志编纂委员会编《丹寨县志（1991—2015）》(上)，方志出版社，2016，第 118 页。

上各个历史年份的人口统计可知，苗族是丹寨主要的少数民族，也是人口占比最多的民族。而丹寨南皋乡的苗族主要分布在尝卡、乌皋、排寨、太平坡、石桥大簸箕、清江、大寨、弯寨、九门乌毕、四方山、竹留 11 个村。[①] 2000 年，第五次人口普查，南皋乡共有苗族、汉族、水族、侗族、仡佬族、布依族等 6 个民族，其中苗族 11725 人，占少数民族人口的 99%，占总人口数的 97%。2007 年全乡人口 12579 人，其中汉族 660 人，占总数人口的 5.25%，少数民族 11919 人，占总人口数的 94.75%。在少数民族中，苗族 11875 人，占少数民族人口的 99.63%，占总人口的 94.40%。[②] 这样的民族人口分布情况大体维持至今。（见表 2.1）

表 2.1　南皋乡部分年度民族人口情况统计表[③]

单位：人

年份	合计	民族				
		汉族	苗族	水族	侗族	其他民族
1991年	11638	521	11095	4	6	12
2000年	10981	564	10385	6	10	16
2007年	12579	660	11875	9	14	21
2010年	12835	922	11688	38	47	140
2014年	13654	949	12465	38	50	152
2015年	12091	766	11135	33	40	117
2016年	12092	767	11133	34	41	117

① 贵州省丹寨县地方志编纂委员会编《丹寨县志（1991—2015）》(上)，方志出版社，2016，第 119 页。

② 文朝景：《南皋乡志》(未刊稿)，第 154 页。注：原文合计数有误，现为修订数。

③ 文朝景：《南皋乡志》(未刊稿)，第 154 页。注：原文合计数有误，现为修订数。

就清江村来说，清江村的苗族多以田姓为主，此外还有李、王、杨、文等汉姓，其原因为“清代雍正以后为编户口所兴，一般仅使用于社会事务场合，家庭内或族内交际，仍旧使用苗名”[①]，这些不同姓氏中，有的同宗同汉姓，有的同宗不同汉姓，也有的同汉姓不同宗。

清江村田氏苗族关于自己的祖先大概有三种说法，具体如下：

第一种说法：

83 岁的寨老田国朝是一个没有文化的农民，他给我们讲述道：

> 田氏苗族的祖先曾居住在江西省的珠市巷（音译）。祖先是犯法之后，被绑着手，从江西赶到贵州的。经过长途跋涉，我们的祖先后来定居在清江苗寨。当时，祖先有一面黄金鼓，会发光，有巨大的力量。祖先定居清江之初，为了能与当地人搞好关系，就将黄金鼓送给了他们。结果当地人在山上敲响了黄金鼓，瞬间地动山摇，就不敢要黄金鼓了。之后，祖先就将黄金鼓埋藏在大寨的稻田中，结果寨子中的人都病倒了。人们认为是埋了黄金鼓的原因，就到埋黄金鼓的稻田去挖黄金鼓，在当初埋的地方却没有挖到黄金鼓。从此，黄金鼓就彻底消失，踪迹全无。当地人经历这几次事件后，再也不敢在此定居，赶紧迁移他处，只留下田氏祖先。[②]

第二种说法：

40 多岁的田仕是高中文化水平，在村里算是一位有点文化的人，他对田氏苗族的家族源流较有研究，据他介绍：

① 贵州省丹寨县地方志编纂委员会编《丹寨县志（1991—2015）》（上），方志出版社，2016，第 120 页。

② 与田国朝的访谈记录，地点：清江村村委会，时间：2019 年 7 月 2 日。

清江苗寨的始祖有一个宝物——黄金鼓，有地动山摇、毁天灭地的功效。为了争夺天下，始祖依靠黄金鼓打打杀杀，有伤天和，失去了神灵的保护，由此打了败仗。打败仗之后，始祖从众多子女中挑选了一个儿子，将黄金鼓和众多的护卫都交给了他。二代祖先就在护卫的保护之下隐姓埋名，迁移到了江西。之后经过好几代人的努力，又迁移至贵州，到了清江村。祖先看到这里地理位置优越，周围有南皋河和崇山峻岭，认为清江是一个很好的军事要塞和风水宝地，所以决定在此定居。为了与当地人和谐相处，祖先与他们以兄弟相称，歃血为盟，就此在清江苗寨稳定下来。最初人口稀少，祖先鼓励生育开荒。每生育一个孩子，就要求田氏子孙开荒耕种一块田地，并且还要种植棉花。随后逐渐繁衍起来。[①]

第三种说法：

34 岁、拥有小学文凭的田如能现任清江村村主任，他对田氏苗族的家族渊源也较有研究，据他所说：

田氏苗族的祖先最早从中原开始，沿着江西—湖南—贵州的路线，最终迁移到现在的清江村所在地。其中最重要的一个转折点是在元朝，一位将军打仗失败后被流放至贵州，据说这位将军一直被绳子绑住了手，背在后面，所以现在的人手上就有绑绳子的痕迹。最后选在清江村是因为这里有山有水，又有良好的土地。以前这里人很少，后来就搬走了。为了能更好地活下去，也为了预防敌人的追杀，他们隐姓埋名，不敢用文字记录过去的历史。[②]

① 与田仕的访谈记录，地点：清江村村委会，时间：2019 年 7 月 2 日。

② 与田如能的访谈记录，地点：清江村村委会，时间：2019 年 7 月 2 日。

通过上述三种版本的口述，我们不难发现几个共同点：一是田氏祖先来自江西；二是田氏祖先身份地位较高；三是通过“鼓”处理与当地人的关系。

田氏祖先其实在地方社会中始终处于非常尴尬的地位。田氏家族背井离乡，来到一个人生地不熟的地方，他们非常渴望成为有身份的人，以此获得国家的认可。他们往往会把国家的正统观念与自己紧密地联系在一起。明代的江西，无论在赋税还是人才上都是名列前茅的，时人有“朝士半江西”的说法，因此，“江西”在外来者眼中，就成了祖籍来历地的一个想象。

田氏家族作为流徙他乡的一个群体，始终徘徊于王朝政府的化外与化内之间。在社会结构中，这是游离于社会结构之外的社会群体；在政治结构中，这是政治权力的真空地带；在思想结构中，这是正统之外的“异端”。在化外与化内之间徘徊的田氏在地方社会中经常受到制约，田氏迫切希望取得政治权利，使自己经过多年奋斗之后能安全地着落于地方社会。因此，祖先身份地位的高贵，成了与地方社会博弈的有力手段。

在远古时期，鼓被尊奉为通天的神器，主要是作为祭祀的器具。后来，鼓不仅用于祭祀、乐舞，还用于打击敌人、驱除猛兽，同时也是报时、报警的工具。通过鼓的性质和功能，我们可以看到，田氏在定居的过程中，善于利用鼓的“通天”功能，通过鼓与当地人沟通，最后实现自己在地方社会稳定下来的目的。

田氏家族将自己的身世具化为“江西”“将军”和“鼓”等符号，他们尽可能地利用国家的典章制度去实现自己立足地方社会的梦想。这些社会政治价值观使田氏得以世世代代在地方延续下去，并成为田氏巩固其社会地位、控制地方社会的资源。

同时，我们也发现：三种有关田氏祖先来历的版本都无法确定祖先在清江苗寨定居的时间。我们在田野调查中找到一位对自己家族有一定研究的田井金，通过走访田氏各支系，他认为田氏家族大致经历了十八代，其中有三代还需留待进一步考证，并对已经考证清楚的十五代进行了详细记录。

一世祖田哥略，二世祖田娜哥，三世祖田山娜，四世祖田汪山，五世祖田陡旺，六世祖田你陡，毕祖田修你，远祖田记修，太祖田下计，烈祖田送下，天祖田六送，高祖田替六，曾祖田纽替，故祖田里纽，故显考田福里。[①]

通常一代以20年计算，共历18代，故田氏家族距今360年左右，也就是1659年前后，即顺治年间定居清江苗寨。而这一时段，正处于清王朝统一西南的关键时期，三种版本也都提到自己的祖先是经历了磨难来到此地。他们较多地强调祖先怕被官兵追杀，只得隐姓埋名，没有文字记载，只好通过口耳相传来记录自己的历史，所以后人也记不清祖先是明初还是清初来到清江村的，只记得到此地前历经磨难。磨难是历久弥新的，也是会被不断强化的，而时间已不再是他们记忆的重点了。

第二节 田氏的人口

一、田氏人口

田氏苗族所在的清江村是南皋乡主要的行政村之一。清江村位于南皋乡人民政府驻地西面6千米处，最远自然寨（新村五组）距离乡政府12千米，东部为丹寨县南皋乡石桥古法造纸旅游景点，西部为麻江县宣威镇卡乌药谷江村旅游景点，北部为凯里市舟溪镇情朗村情郎山的南端，南部为丹寨县兴仁镇窑货村窑货大岭岗的北端，两山被南皋河切割而汇入清水江。与周边村寨世代通婚，和谐相处。

① 与田井金的访谈记录，地点：田井金家，时间：2019年7月2日。清江村苗族通常以自己的父辈为中心，往上推九代，毕祖即九祖公，以此类推，远祖即八祖公，太祖即七祖公，烈祖即六祖公，天祖即五祖公，高祖即四祖公，曾祖即三祖公，故祖即二祖公。

清江村辖新村、大寨、岩寨、月亮坡、大冲5个自然寨和5个村民小组，村民全部为苗族。截至2018年，全村有262户1430人，全村总面积460公顷，耕地面积72.7公顷（其中田26公顷，土46.7公顷），林地面积152.4公顷，人均耕地面积0.051公顷。清江村历史悠久，民族文化丰富多彩，人文景观传奇而神秘。

田氏苗族主要分布在新村、大寨、岩寨，月亮坡、大冲5个自然寨，其中岩寨一组有52户323人，大寨二组有70户417人，大寨三组54户277人，月亮坡大冲四组35户153人，新村五组51户260人。（见表2.2）

截至2018年，清江村建档立卡贫困户有135户532人，非贫困户有127户898人。其中，建档立卡贫困户最多的是二组，有43户172人。

表2.2　2018年清江村人口统计表[①]

组别	户数/户	人口/人	贫困户/户	贫困人口/人	劳动力/人	读书人数/人
一组	52	323	31	130	124	38
二组	70	417	43	172	149	53
三组	54	277	29	109	104	35
四组	35	153	11	40	74	28
五组	51	204	21	81	100	58
合计	262	1430	135	532	551	212

清江村的房屋多建在山凹或山湾处，少数建在河边或山包上，讲究近水源、近田土。人口居住分布呈现出“你中有我，我中有你”的大杂居、小聚居的分布格局。我们在调研中发现，全村五组部分村民并未严格按行政划分来居住，少数村民虽是这组的村民，但实际居住在另一组。如居住在一组的田X高在五组有住房，二组的田X民在五组也有住房，五组的田X周实际住在二组，

① 资料来源：根据2018年丹寨县南皋乡政府统计整理。

三组的田X红与麻江卡乌的文X一起生活。由此看来，各组之间的村民联系较为密切，行政的规划没有阻碍这世代积累下来的交情与联系。

图2.1　2018年，清江村岩寨和大寨房屋分布图（清江村村委会提供）

二、受教育情况

贵州教育发展向来稍晚于其他省份，丹寨县的教育发展亦然。县境内曾出现过的教育形式有私塾、义学、厅学和书院，而南皋乡曾有过的教育形式仅有私塾。清末民初，南皋乡始现私塾，其形式大概分为三种：一是富户请塾师到自家教授本家子弟；二是塾师在家设学；三是学生家长出钱聘请塾师，并租赁房宅开馆教学，学习内容、教学方法大致相同。学生的生活、学习用具、书籍等自理，塾师的报酬由学生摊付，启蒙的学生每人每年付一块银圆和一两斗大米，因学生多少而定。

塾师多系穷儒，也有极少数名流，学生和群众均尊称他们为“先生”，除本村塾师外，外地塾师由学生轮流管饭，也有少数自起灶。境内私塾，多是农历正月邀学，二月开学，十月停学。停学后先生可以继邀冬学两个月（即冬、腊月），学费另行商酌。“私塾修业年限没有统一规定，一般只收男生，且年龄大小参差不齐，小的六七岁，大的二十多岁，有的甚至父子同窗。”[①] 民国时期，私塾遍布各个村落。宣统三年（1911 年），塾师孔兆之创办南皋第一所简易乡间学堂，校址位于现南皋乡信用社所在地，魏家伦、俞泽民、文朝元等 30 几位名流就从这里启蒙。

南皋乡的学前教育、小学教育、中等教育和师范教育也在清末民初之际相继开展，在民国时期得以快速发展。清江小学教育开始于民国三十二年（1943 年）田国良在清江岩寨民宅创办的乡间小学。中华人民共和国成立后，人们普遍接受教育。1959 年至 1961 年的三年困难时期，教育事业深受打击。1962 年恢复丹寨县建制时，教育事业开始兴起。清江村办起了民办初级小学，同时，田跃勋组织在清江大寨修建木质教学楼，让师生摆脱了租借民宅办学之苦。1967 年，贯彻“学制要缩短，教育要革命”的精神，小学由六年分段制改为五年一贯制，清江村的学生都回到自己所在的大队就读。课程设置有政治、语文、算术、常识、军体、文艺，实际上仅仅教读“语录”、背“老三篇”。1972 年提出“读小学不出大队，读初中不出公社”，清江小学编制为 1 ～ 6 年级完全小学，有学生 60 多人。1996 年，由香港友人捐助在文氏老宅修建钢筋混凝土结构教学楼一栋，有 9 间教室。2013 年并入石桥小学，从此清江小学停止办学。

2018—2019 年，清江村在读学生人数为 211 人。其中接受学前教育人数为 28 人，小学生 80 人，初中生 52 人，普通高中生 18 人，中职 19 人、高校 14 人。（见表 2.3）

---

① 贵州省丹寨县地方志编纂委员会编《丹寨县志（1991—2015）》（下），方志出版社，2016，第 836 页。

表 2.3　清江村 2018—2019 年度在校就读学生信息统计表[①]

单位：户

学段	合计	类别	
		卡户	非卡户
学前教育	28	15	13
小学	80	29	51
初中	52	31	21
普高	18	12	6
中职	19	12	7
高校	14	7	7
总计	211	106	105

从上表来看，清江村学前教育在读人数为 28 人，其中 15 人为建档立卡贫困户；小学在读 80 人，其中有 29 人为建档立卡贫困户；初中在读 52 人，其中有 31 人为建档立卡贫困户；有 18 人为普通高中在读，其中有 12 人为建档立卡贫困户；中职在读 19 人，其中 12 人为建档立卡贫困户；高校在读有 14 人，其中有 7 人为建档立卡贫困户。清江村在读学生中，绝大部分为建档立卡贫困户，这些学生之所以能继续完成学业，得益于丹寨县政府相关的教育扶贫政策。

根据丹寨县 2018 年减贫摘帽“教育保障”惠民资助政策，清江村按照其相关资助政策给学生发放相应补贴，以减轻学生的就学困难，从而达到了教育保障的作用。

学前教育资助政策。（1）学前教育阶段家庭经济困难儿童资助：对经教育行政部门审批设立的各级各类普惠性幼儿园就读的家庭经济困难学前儿童实行资助；（2）农村学前教育儿童营养改善计划：对农村普惠性幼儿园（不含县城幼儿园）幼儿，由配送公司配送营养包到各幼儿园发放。清江村 2018 年建档立卡贫困学生处于学前教育学段的受助总人数为 15 人，总金额为 13100

① 资料来源：根据 2019 年丹寨县教育局统计数据整理。

元。（见表 2.4）

义务教育资助政策。（1）农村义务教育学生营养改善计划：对农村义务教育学校（不含县城）学生，由学校食堂提供营养午餐；（2）农村义务教育阶段家庭经济困难寄宿生生活补助：对农村义务教育阶段家庭经济困难寄宿学生，由学校食堂为寄宿生提供晚餐，期末结余由学校清退给学生；（3）义务教育阶段学生免除学杂费和书费：义务教育阶段所有在校学生都享受免学杂费补助，作为学校公用经费，不发放给学生；同时根据不同学段减免相应的书费，由省级财政直接和新华书店结算，不发现金给学生。清江村 2018 年建档立卡贫困学生处于小学学段的受助总人数为 29 人，总金额为 42700 元；处于初中学段的受助总人数为 31 人，总金额为 73825 元。（见表 2.4）

普通高中资助政策。（1）普通高中国家助学金：对具有正式学籍的普通高中全日制在校家庭经济困难学生，资助标准为 2000 元 / 生 · 年，通过学生资助卡发放；（2）普通高中精准扶贫资助：对就读普通高中并具有正式学籍的农村建档立卡的贫困学生，资助标准为 1900 元 / 生 · 年，通过学生资助卡发放；（3）普通高中免学费：对具有正式学籍的普通高中全日制在校建档立卡贫困学生和非建档立卡的家庭经济困难残疾学生、农村低保家庭学生、农村特困救助供养学生，享受标准为 800 元 / 生 · 学期，用于补助学校公用经费，不发给学生。清江村 2018 年建档立卡贫困学生处于普高学段的受助总人数为 12 人，总金额为 59275 元。（见表 2.4）

中等职业学校资助政策。（1）中职免学费：对具有中等职业学校全日制正式学籍的在校一、二、三年级学生，享受标准为 2000 元 / 生 · 年的免学费政策补助，用于补助学校公用经费，不发给学生；（2）中职国家助学金：对具有中等职业学校全日制正式学籍的在校一、二、三年级学生，享受标准为 2000 元 / 生 · 年，通过学生资助卡发放；（3）中职教育精准扶贫资助：对具有中等职业学校全日制正式学籍的在校一、二、三年级的农村建档立卡贫困学生，享受标准为 1900 元 / 生 · 年，通过学生资助卡发放。清江村 2018 年建档立卡贫困学生处于中职学段的受助总人数为 12 人，总金额为 58850 元。

普通高校教育精准扶贫资助政策。对贵州省户籍农村建档立卡贫困户就读普通高校本科（专科、高职）的子女，资助标准为本科 4830 元 / 生・年、专科（高职）4500 元 / 生・年，省内高校由学生在就读高校直接申报，省外高校由学生如实填写贵州省教育精准扶贫资助申请表并加盖就读高校公章后寄回户籍所在地的教育局申报。清江村 2018 年建档立卡贫困学生处于普高学段的受助总人数为 7 人，总金额为 46910 元。（见表 2.4）

从以上丹寨县 2018 年减贫摘帽"教育保障"惠民资助政策来看，清江村"教育保障"政策资助对象从学前教育、义务教育、普通高中、中等职业教育到普通高校教育，贯穿了各个受教育阶段的学生，资助学生范围全面。而对不同教育阶段的学生实行不同的教育资助，可谓是"对症下药"。

从受助对象来看，清江村"教育保障"政策不仅只关注建档立卡的贫困户学生，还包括其他一般学生。如对于中职学生的政策为：对具有中等职业学校全日制正式学籍的在校一、二、三年级学生，享受标准为 2000 元 / 生・年的免学费政策补助，用于补助学校公用经费，不发给学生。可见清江村"教育保障"惠民资助政策具有资助范围广、资助对象全、资助内容合理等特点。

表 2.4　清江村 2018 年度建档立卡贫困学生受助情况统计表[①]

学段	类别	
	受助人数/人	金额/元
学前教育	15	13100
小学	29	42700
初中	31	73825
普高	12	59275
中职	12	58850
高校	7	46910
总计	106	294660

① 资料来源：根据 2018 年丹寨县南皋乡政府统计整理。

从清江村 2018 年度建档立卡贫困学生受助统计情况来看，初中生受助人数最多，达 31 人，受助资金达 73825 元，说明初中生是清江村“教育保障”政策的重点资助对象，要重点保障初中生基本教育经费的供给，否则将会因经济原因而降低高中升学率；高校学生的受助人数仅 7 人，资助金额达 46910 元，可知清江村贫困户大学生比较少。试分析其原因有二：一是家庭贫困的学生因经济原因导致成绩跟不上，难以考上大学；二是清江村贫困户较多。据表 2.3 可知，清江村 2018 年共 211 名在读学生，其中有 106 名为建档立卡贫困学生，占学生总数的 50.24%，总体来说，贫困是制约清江村教育发展的重要原因。

虽然清江村大部分学生享受了“教育保障”这一惠民政策，但学生辍学的现象却不绝如缕。据统计，2018 年清江村未到校的学生共计 10 名，其中以初中生为最多，有 9 名，另有 1 名中职学生，其辍学原因详见表 2.5。

表 2.5　2018 年清江村未到校学生花名册[①]

序号	姓名	年龄/岁	就读学校	年级	未到校原因	村	组
1	田X	16	第三中学	八	出嫁	清江村	四组
2	田X燕	16	丹寨职校	一	厌学	清江村	三组
3	田X平	17	第三中学	七	厌学	清江村	一组
4	田X芙	17	第二中学	八	厌学	清江村	一组
5	田X龙	17	第三中学	九	厌学	清江村	一组
7	田X菊	17	第三中学	九	厌学	清江村	二组
8	田X龙	18	凯里七中	八	厌学	清江村	一组
9	田X方	18	第三中学	八	厌学	清江村	二组
10	田X海	14	第二中学	不详	厌学	清江村	二组

① 资料来源：根据 2018 年丹寨县教育局统计整理。

从表 2.5 可知，学生大部分因厌学而放弃学业，极少数学生因个人原因而不能继续上学。相对来说，清江村的辍学人数并不是很多，这得益于清江村“控辍保学”工作的开展。

图2.2　2018年11月7日，清江村攻坚队联合村“两委”劝返学生座谈会（清江村村委会提供）

清江村“控辍保学”工作往往在春节期间进行，这段时间是村民最休闲、也是家庭成员最齐的时候，因此各级政府部门以及各中小学校抢准时机，进行了较有成效的工作。

各中小学校长是“控辍保学”工作的直接责任人，班主任是具体负责人。春季开学，班主任负责了解每天学生到校情况和学生的思想状况，学生没有到校的要及时与家长联系、沟通并及时报告学校。学校要组织教师及班主任利用寒假深入学生家庭进行遍访、宣传活动，做到片区内村不漏户、户不漏人，并做好家访记录。对可能流失的学生，尤其是建档立卡贫困户学生要加大工作宣传力度，确保适龄儿童和青少年都能按时到校上课。

以校为单位，确保入学率达标，提高巩固率、入学率，降低辍学率。2018年，各校目标任务为：巩固率，九年义务教育巩固率达到95%以上；辍学率，确保小学控制在0.3%以内，初中控制在1.65%以内，建档立卡贫困户学生辍学率为0。

以各乡镇教育联络组为单位，组织辖区内学校在乡镇主要街道、车站设立义务教育宣传点。此外，还张贴“控辍保学”等宣传标语，让教育宣传出现在村民的日常视线中。（见附录3）

为进一步加强控辍保学工作，丹寨县教育局特成立工作领导小组，明确了工作要求。内容为：（1）增强认识，提高责任意识。（2）强化措施，落实目标责任。具体为完善目标责任、严格学籍管理制度，建立“学生辍学和劝返复学通报制度”，强化节假日辍学宣传工作。（3）突出重点，关爱弱势群体。各学校要进一步做好留守儿童、流动儿童接受教育的服务工作，把留守儿童的控辍保学作为工作重点。坚持扶贫助学制度。（4）深化改革，增强学校吸引力。（5）强化督查，严格责任追究。

工作措施为：（1）整合资源，建立学龄人员台账。（2）抓住机会，全面开展劝学动员。（3）责任包保，各级职责落到实处。

第三节　田氏的村规民约

一、田氏村规民约

一般来说，村规民约有广义和狭义之分。广义的村规民约是村民自治的重要民主管理制度，是指“在村民自治的条件下，由全体村民共同制定并遵照执行的关于村务管理的行为规范。”[①]“村民自治”最初来源于保甲制度的施行。贵

① 汪俊英：《农村基层“准法律”：“村规民约”》，《法学杂志》1998年第4期。

州保甲制度“自二十四年七月着手举办，始则拟订限期进展程序，颁行各项保甲章则，并以本省苗汉杂处，情形特殊，复征取各专员意见，拟订编组补充简则……改划区制，核定等级，遴定人选，推举保甲长及联保主任，决定各县于九月底一律开始编查，截至二十五年十月底止，先后据报大致就绪。”① 八寨（丹寨）全境分五区二十六保，清江村属于第四区南皋场保，“岩寨距石桥保五里，接麻哈之卡乌以河为界。”②

狭义上的村规民约是指“以祖辈世代流传下来的规约为基础由村民商定修改、决定继续适用，并且村民能够积极遵守的关于村民劳动、生活、交往等方面的民间约定。”③ 田氏苗族的村规民约即是世代流传下来的“习惯”，也是村民自治的表现形式。清江村村规民约是依照国家有关法律和政策，结合清江村实际，经全体村民大会讨论，制定而成的。据现已 67 岁的清江村前任村主任田兴智说：“我们这个村的每个农户、每个人犯了事，就要按照那个条例来做，有文字的记载，在下面的那个黑板那里，张贴在公告栏上面的。这个乡规民约是 2008 年立的，这些条例原来也有的，但不整齐，后来村委会重新修改了。”④ 其目标是健全自治、法治、德治相结合的乡村治理体系，确保全村平安和谐、村民安居乐业、人人崇德守法，实现乡村振兴。清江村的村规民约大体上分为以下几类：

1. 对公共财产的保护

为维护公共利益，村规民约用了大量篇幅来介绍相关违法行为的惩处办法，主要是缴纳罚金。如偷鱼、电鱼、毒鱼、炸鱼等行为将被处以 3000 ～ 5000 元的罚金，这是田氏村规民约中惩处较重的一项。

---

① 民国《今日之贵州》，收入《中国地方志集成 · 贵州府县志辑》第 11 册，巴蜀书社，2016，第 412 页。

② 民国《八寨县志稿》卷九《区保村寨》，收入《中国地方志集成 · 贵州府县志辑》第 19 册，巴蜀书社，2016，第 157 页。

③ 黄璟：《苗族村规民约的有效性分析：以黔东南苗族侗族自治州苗族村寨为个案》，《凯里学院学报》2012 年第 5 期。

④ 与田兴智的访谈记录，地点：田兴智家，时间：2019 年 7 月 11 日。

偷盗、毁坏他人或公共财物价值500元以下，引发森林火灾10亩[①]以上，毁坏国家保护的古大珍稀植物，发生寨火成年人未参与扑救而抢救自己物资，私自占用河道两岸、公路沿线的空闲土地，将要承担1500～3000元的罚金。引发森林火灾10亩以下者需承担800～1500元的罚金。

2. 对社会和谐稳定的维护

田氏苗族注意到维护社会和谐稳定对其自身发展具有重要的意义，故村规民约中的很多内容都反映了田氏苗族对社会和谐稳定的要求。对制造、买卖、持有鸟枪拒不停止的违法行为和种植有毒植物、吸食毒品的违法行为将处以3000～5000元的罚金。对参加邪教活动，打架斗殴，利用封建迷信扰乱社会秩序，聚众赌博造成恶劣影响的行为将处以1500～3000元的罚金。对散养畜禽影响公共卫生，在公共场所堆放牲畜粪肥等行为将处以800～1500元的罚金。

3. 对私有财产的维护

村规民约也强调对私有财产的保护。投放毒药杀害他人牲畜者要承担3000～5000元的罚金；擅自到他人稻田捡螺蛳、扎泥鳅、抓青蛙者要承担800～1500元的罚金；霸占他人水田，乱放畜禽损坏他人庄稼、果木、田坎者需承担300～800元的罚金。按照清江村的村规民约，许多有损于集体或者他人的行为都需要承担明确的责任和严厉的处罚，但在实际中，村民们对于纠纷的调解似乎更能体现出乡间的“人情味”。如一起关于屋基界线的纠纷：田X标在建猪圈时，占去了田X能的田坎，田X能主动要求村调解委处理。村调解委调查后认定，田X标确实占去了田X能40厘米左右的田坎。后经村调解委协调，田X标认错，并退还田坎。按照清江村村规民约的规定，田X标应承担300～800元的罚金。但最终调解结果是将罚金改成了赔礼道歉，这完全体现了乡土中国邻里间的人情味。这样的处理方法更能让双方接受，在保护了

① 亩，市制单位。1亩约等于0.07公顷。为保证材料引用的完整性，村规民约中涉及“亩”的相关数据均予以保留。

私有财产的同时，也维护了邻里间的友好关系。

4. 对个人行为的约束

田氏村规民约中对个人行为做出了很多的约束，进而保障了地方社会的稳定发展。如对打砸村委会，打击报复村干、村规民约执行者，父母未抚养未成年子女、子女未赡养老人，未经批准乱搭乱建，擅自改变争议地现状，存在火灾隐患限期整改而不整改，邻里之间吵架、夫妻之间打架造成不良社会影响，酗酒闹事，乱堆乱放柴草、乱拉乱接电线被要求整改而未整改，随意丢弃死猪、臭狗、畜禽，往河边、水沟、村庄周围乱倒垃圾，房前屋后不符合卫生条件限期整改而未整改，阻塞通道或堆积杂物被要求移除而未移除，室内熏烤腊肉无人看守，新出窑的木炭带入家中，无故不按要求参加村公益活动等行为都有相应的惩处。如田 X 文与田 X 伦因为屋基排水沟整改而出现了争吵，争吵中田 X 文又造谣诬陷田 X 伦贪污、挪用他人资金。后经村委调解会调解后达成以下协议：（1）认真听取了两人的意见和建议；（2）在处理过程中双方都自愿接受罚款和批评；（3）事后和好团结；（4）以后多做好事不做坏事，言行认真，少说他人坏话，做好一个光明正大的人。可见，在调解纠纷时，清江村更注重对个人行为的约束，这有助于整村人的和谐相处。在调解时也注重听取双方意见，坚持公平、公正、公开，争取做到调解结果为众人所接受。

为保障村规民约的有效执行，清江村村规民约由村民生监督委员会、村老年协会、各自然寨龙杆会监督执行，拒不承担违约责任的，各自然寨龙杆会可按照本村村规酌情处罚，并将其列入不诚信者名单，一年内不能享受国家给予的各种惠农政策。而对于违约资金管理，则将总金额的 30% 作为老年协会活动资金，30% 作为奖金奖励举报人，40% 作为各自然寨龙杆会活动资金。

清江村村规民约的制定具有鲜明的群众性。该村规民约是经过全村商议而确定的，其制定过程极为严密。先是由村主任带领着组长、十户一体群众代表、八大组织以及 38 位党员商议具体规则，再将商议后的规则告知全体村民，并征询其意见，最后根据村民意见加以调整。经过这些流程制定的村规民约，其有效性也非常明显。据田仕说，偷盗东西就要罚“三个一”，即给村里每个人一斤酒、一斤肉、一斤米或一斤鱼，情况严重时还要加一斤牛肉。诸如此类的习惯法，以前是靠口耳相传的，现在是有成文规定的。在交谈中，田仕讲到一个案例：20 多年前，有个人叫田 X 逵，月亮坡人，偷盗当时四组组长田 X 仁家的鱼，去踩点的时候被发现了，主人家就在田里等了几天，发现就是田 X 逵夜里挖开了田坎，放走了鱼。但是在抓赃时，田 X 逵还是跑了。之后田 X 仁把事情报到了村里，村委会的办事员就去田 X 逵家找他，田 X 逵还不承认，最终还是靠追打时的伤痕让他认了罪。后来，大家就把他家的牛、猪全部拉去杀掉，分给了全村人吃。同时，还请了乡政府来作证，以作警示。[①] 从以上案例来看，清江村的村规民约有很强的执行力和威慑力。

清江村的村规民约还具有明显的时代性。清江村到目前为止已有过很多版本的村规民约，清江村会根据时代背景、社会环境的变化而调整其村规民约的内容。据田仕介绍，清江村第一版有文字记载的村规民约是在 20 世纪 70 年代由田井贞修订的。

此外，清江村村规民约还有显著的人情味。当法律与村规民约有冲突时，情节严重的，就按法律来；情节较轻的，通过跟政府沟通，可酌情处理。比如，超生户原则上不能享受村里的低保和贫困补助，但如果其家庭非常困难，村委会还会尽可能地为其争取低保。

二、田氏的习惯法

以上是对有明文规定的村规民约的阐述，但我们不能忽略的是，田氏苗族还有很多没有文字记载却一直被村民们所熟记的规定，即所谓的习惯法。在没有调解委员会以前，村里的纠纷都由寨老出面来调解。

在村委会建立以前，清江村的村务由保长，也就是寨老来管理。寨老制度出现在很久以前，每个村寨都有一个寨老，这个寨老分别管理一支人，这一

① 与田仕的访谈记录，地点：清江村村委会，时间：2019 年 8 月 12 日。

支人有一个祖公。田氏分为四支，分别由 4 个兄弟管理，一、二、三兄弟在大寨，四兄弟在岩寨。在四个人当中有一个最大的寨老，即全村的寨老。无论以前还是现在，寨老的产生，最关注的就是能力，要有吃、有穿，势力各方面都要比别人好，还有威信要比别人高。在这四兄弟当中，能力稍微强一点的会被推荐为寨老，而不是以年龄大小来确定的，比寨老年龄大的人同样也要服从寨老的管理。新旧寨老之间有着一个承上启下的关系，即当老寨老退休后，新寨老会取代老寨老的工作，新寨老有什么事情能解决就解决，不能解决就找老寨老商量，但权力实际是在新寨老的手上，权力是有一个交接过程的。现在有了村委会之后，寨老就没起实质性作用了。现在的寨老，也不再像以前那样被尊重了。以前的寨老有着很大的权力，掌握全村的命脉，调配全村的物资，但现在寨老就没有那么多权力了。

现如今是法治社会，村里面的一些纠纷，如宅基地的纠纷，都是由村主任、组长和调解员出面解决。如果是两家之间有矛盾，就叫家里的老人过来，根据双方当事人的说辞，按公平、公正的标准，秉着不维护、不偏袒的原则来处理。矛盾大的时候，可以到村里面调解；矛盾最大的时候，可能就涉及官司了，那就要走法律程序。

如关于偷盗的惩罚，据田仕口述：

> 乡规民约没有文字记载，苗族人信奉天神，如果做了坏事不承认，就要我们的寨老评判。例如我说村主任偷了东西，村主任说他没有，这时候寨老就会准备一锅烧开的牛油，在锅中放入一把大斧头，两个人分别伸手进去，通过寨老的咒语，没有偷盗的人就会安然无恙地把斧头拿出来，如果是偷盗的人，手就会烂且拿不出来。[①]

更详细一点的说法也与此相差不大。如果是两个村的人，一方发现另一方

① 与田仕的访谈记录，地点：清江村村委会，时间：2019 年 7 月 2 日。

偷了东西，但对方不承认，这时候就要请双方的寨老来。先准备一锅烧开的牛油，再将一把斧头沉到锅底，请寨老念咒语，念完之后，寨老去拿斧头，没有偷盗的那一方的寨老能够安然无恙地将斧头拿出来，偷盗的那一方的寨老的手臂就会烫伤，而且斧头也拿不出来。偷盗的人要负责受伤的寨老的全部生活，还要杀一头牛来供所有的人吃一顿饭。这旨在约束和警示所有的村民不要犯错误。

这样的惩处力度可以说是相当沉重的，尽管这样的规定不太符合国家行政法中有关于处罚权和罚款权的规定，但正是这样极高的违规成本才能维持村落的稳安与和谐。

在婚嫁方面，田氏苗族也有着他们自己的一套习惯法。村主任田如能给我们讲述了这么一个规定：

> 有的女孩子出嫁，嫁到男方家好几年，因为生活条件不好决定改嫁另一家，因为没有结婚证，两个男方就打官司。法官取证就是去调查当地的村民，看其出嫁时是否办过喜酒，如果有村民承认说某年某月某日他们去吃过喜酒，法官就接着去访问吃喜酒的其他亲戚。如果70%以上的人说吃过喜酒，那女方出嫁已是实证，想改嫁很难。如果女方坚持改嫁，说明女方做事不正当、不守信，以前的出嫁聘礼需要双倍奉还。如果还不同意，就需要将女方家的所有银子放进一个桶中，男方用一个升来舀，舀出多少算多少，之后女方就可随意改嫁。如果双方没有达成协议，女方不出钱还要强制性改嫁，就需要请寨老来念咒语，一直念到女方生大病为止。①

从以上口述内容可知，在田氏苗族的习惯法里，女性离婚的成本较高，自由离婚难度较大，这样的规定虽有利于家庭的稳定，对防止出现混乱的两性关

---

① 与田如能的访谈记录，地点：清江村村委会，时间：2019年7月2日。

系具有一定的作用，但却是建立在牺牲女性合法权益的基础上。从这方面来说，习惯法的使用在今天仍有一些不合时宜。

三、纠纷的调解

人与人相处时不可避免会产生矛盾，对纠纷产生的原因进行分析，可以窥探田氏苗族的生活日常及精神世界；而对纠纷的处理过程与结果的分析，能够进一步探索村规民约对清江村村民起到的实际约束和规范作用。

对清江村的纠纷案例进行分析与归纳，可将其划分为土地纠纷、屋基界线纠纷、损害农用水沟纠纷、造谣诬陷纠纷和口舌纠纷，其中以屋基界线纠纷最为典型。

1. 土地纠纷的调解

世代以耕种为生的田氏苗族，对土地有着难以名状的感情，他们将土地视为自己的生命财产和生存的依托。当土地界线因时间久远而变得模糊难以辨认时，纠纷也随之而来。

在清江村的一起土地纠纷中，甲乙双方关于土地界线的问题各执一词。甲方认为，该界线是先前就定下来的，并且有明确的标记。以小水池中心点为起点，以对面的大石头为终点，连接两点的直线就是分界线。乙方认为，这一区域租给别人种烤烟多年，中间点已乱，不明确，应该以小水池上的某一点为起点重新划分界限。村委会就此纠纷进行了实地勘察，并在仔细研究后决定：应以小水池中心点为起点，以对面大石头为终点，两点所连之线即为分界线。最终因乙方不赞同调解结果，调解失败。从这里可以看出，清江村的纠纷调解完全尊重甲乙双方的意见和建议，在任何一方不满意调解结果的情况下，调解就不能算成功。

另外，通过以上纠纷的调解可知：清江村村民十分看重土地的所有权，在土地划分一事上可谓是寸土必争。村民们将土地视为十分珍贵的财产，不容许别人觊觎，这也是中国传统重土地思想的真实写照。

2. 屋基界线纠纷

屋基界线纠纷是清江村发生最为频繁的纠纷之一，调解成功率也最高。我们以两起屋基界线纠纷进行分析。

第一起纠纷：

2015 年 11 月 6 日上午 9 时，田 X 标在自家的地基上建房子，田 X 能上前阻止，并告知对方：你打的基脚已越过我们两家的屋基界限了。田 X 标辩解道：这是我家的地基，应占到这里去。于是，两家人就争吵起来了。当天下午 3 时，双方来到村调解委报告，要求公平处理这一争端。

经村调解委工作人员现场勘察，田 X 标确实侵占了田 X 能 40 厘米宽的地基。最后，田 X 标退还了多占屋基，重新厘清了两家的屋基界线，纠纷处理成功。

第二起纠纷：

田 X 杰在修整自家地基时侵占了田 X 勋 1 米宽的菜地，田 X 勋发现后，两人就争吵了起来。在其他叔伯的劝解下，事情也就平息了。但在 2015 年 11 月 14 日上午 9 时，田 X 杰看田 X 勋家竹子长得太高了，风吹时会打到自家屋顶的瓦，于是就在田 X 勋不知情的情况下砍了一半的竹子。田 X 勋发现后，就与田 X 杰争吵起来，还要求其赔偿损失。村调解委调解两家纠纷后，给出了以下决定：

（1）田 X 杰占田 X 勋 1 米宽的地不用还了。

（2）田 X 杰砍田 X 勋的竹子也不用赔偿了。

（3）两家以后再有纠纷，必须先商量，不能私自乱砍乱挖。

（4）从今以后，两家不能再因此次纠纷发生任何矛盾。

（5）如果哪家挑起新的纠纷，哪家就来负责。

（6）如果哪家不执行以上决定，就处罚金 500 元以上。

从以上两起关于屋基界线的纠纷来看，屋基的界线是田氏苗族不能侵犯的底线，屋基界线的纠纷会严重到影响两家人的关系。村民与村民之间仿佛有一条无形的界线，当纠纷不存在或未发生时，人们依然能和睦相处，但当新的矛盾或冲突出现时，这条界线会愈发明显，甚至达到对簿公堂的地步。

此外，我们可以看到在第二起纠纷中，调解委的处理结果并未完全按照村规民约中的规定——偷盗、毁坏他人或公共财物价值 500 元以下的需要承担 1500 ～ 3000 元罚金。在这起纠纷中，田 X 杰占用田 X 勋的土地在先，乱砍田 X 勋家的竹子在后，很明显田 X 杰是主要过错方，理应赔偿田 X 勋。但最后的调解结果却并非如此，这不得不令人思考：在这起案例中，村规民约在执行时，是不是还考虑到其他方面的原因？如田氏苗族是一个注重团结、谦让，且不愿与人为敌的淳朴族群。从这起纠纷的处理结果中，村民田 X 勋展现了十足的宽容和气度，这完全体现了清江村田氏苗族对邻里关系的看重，即使是在个人财产受到侵害的时候，他们仍能以宽宏的气度来维护与邻里的和谐关系。

3. 损害农用水沟纠纷

情况如下：

田 X 上家挖地基产生的泥巴和石头无处堆放，就随意堆放在田 X 林的山林里。田 X 林的山林有一条水沟，是田 X 生、田 X 泉、田 X 辉和田 X 强共用的灌溉渠，长约 200 米。田 X 林把泥巴和石头放进水沟时，损坏了原先铺设的胶管，破坏了水沟，并直接导致了田 X 生等粮食歉收。2015 年 12 月 11 日上午，在村调解委的调解下，田 X 上处理了堆积在水沟里的泥巴和石头。同时，还答应在 2 个月内铺设新胶管，恢复水沟灌溉功能。若不能如期完工，则另付罚金 2000 元。

通过以上的纠纷案例我们可知：在调解纠纷时，调解员保护当事人私有财产不受侵犯的意图十分明显，这与国家制定法律的目标完全一致。但国家制定的法律制度并不能像村规民约一般规定得如此细致，因此，田氏苗族的村规民约能够很好地弥补国家法律制度在具体施行过程中的不足，使得调解员在解决具体的纠纷时更便捷，进而降低了调解难度。

4. 造谣诬陷纠纷

造谣诬陷纠纷也是清江村最常见的纠纷之一，而这一纠纷的调解也非常具有清江村特色。如，2015 年 12 月 20 日下午，田 X 文与田 X 伦因排水沟一事争吵，期间，田 X 文诬陷田 X 伦贪污其退粮款、公债和修木鼓资金。以下是调解员询问田 X 文的对话：

调解员："你说田 X 伦贪污你的退粮款、公债、修木鼓钱了吗？"

田 X 文："是，当时是田 X 伦任村文书，听说是有这回事，是田 X 伦贪污的。"

调解员："这个退粮款和公债是哪一年的？"

田 X 文："我不知道，听他们说只有我家不得。"

调解员："你说修木鼓的账目不清，是有这回事吗？"

田 X 文："我听他们讲的，我也不知道。"

调解员："你为什么和田 X 伦吵架？"

田 X 文："因为屋基没处理好，所以我就和他吵起来了。"

调解员："以上这些问题，你说的都是实话吗？"

田 X 文："不是，是我一时讲胡话。以上这些问题都是不存在的，是我乱说的。"

通过分别与田 X 文和田 X 伦的谈话，调解员得出了结论：田 X 文诬陷他人，罚款 120 元。田 X 文承认了自己的错误，并向田 X 伦赔礼道歉。田 X 伦也接受这样的处理结果，调解成功。

通过以上案例可知：在与人发生纠纷时，村民通常会说出一些没有根据的话，但只要有调解员介入，村民便会主动坦白诬陷他人的事实。最后，对过错方处以罚金，不仅能安慰田 X 伦，也会对田 X 文起到一定的震慑作用。可见，调解员在调解纠纷时要有一定的权威，这样的权威能让村民不敢胡言乱语，进而降低调解的难度。但调解员的权威一般都建立在公平、公正办事的基础之上，故只有不偏不倚地处理和解决纠纷才能获得村民的支持与维护，才能树立村规民约执行人员的威信，保障村规民约的切实推行。

5. 口舌纠纷

2016 年 5 月 23 日 13 时许，田世均与杨阿民在杨阿民家门口因争吵而大打出手，导致田世均头部受伤。经调解，双方自愿达成协议：

（1）双方都承认了自己的错误，并互相赔礼道歉。

（2）杨阿民支付田世均医药费500元。

（3）双方和解后，不许再因此事发生事端，否则自行承担相应的法律责任。

上述案例表明：村规民约的执行遵照“大事化小，小事化了”的原则。纠纷双方互相赔礼道歉，既能消解双方心里的不快，又能体现互尊互重的美德。而最后一条“双方和解后，不许再因此事发生事端，否则自行承担相应的法律责任”又使该协议具有威慑力，有助于防止矛盾再次发生。

四、调解员与寨老的关系

随着社会的变革、经济的进步、文化教育条件的改善，原有的习惯法已不能完全适应社会实际情况的需要。由于国家法律制度的完善，苗族习惯法所适用的对象和范围日益缩小，建立在习惯法基础之上的村规民约便出现并逐步取而代之，但这一过程需要漫长的时间。田氏苗族的习惯法作为苗族文化的重要组成部分，是经过人们长期的共同生活和实践而形成的，并对清江村人民几百年来的生产、生活产生过重大影响。因此，无论社会如何发展，人们都不可能将这个民族几百年来传承的经典在短时间内彻底清除。尽管清江村在很早以前就有成文的村规民约，但是苗族习惯法在苗族人民心中依然占据重要位置，因此，在村调解委员会与寨老之间存在着一些微妙的关系，两者并非取代或对抗的关系。据田仕说：“寨老还有一个权威，比如，我是个调解员，我这里的矛盾处理不下来，就叫寨老判决。因为我们这个寨子有很多关于土地、房子、地基的纠纷，我们这个年纪的人不知道相关的情况，就需要问寨老。土地属于哪些人家的，寨老就有这个权威来审判。”[①] 从访谈当中我们可以看到，清江村明文规定的村规民约有取代口耳相传的习惯法的趋势，但两者并非完全对立。相反，两者之间存在着一种互相补充的关系，这样的关系使得调解员与寨老之间

① 与田仕的访谈记录，地点：田仕家，时间：2019年8月12日。

同样存在着互相协商、共同解决纠纷的关系。

但根据当今的实际情况来看，清江村村规民约并不能完全独立地解决发生的各种纠纷。因为村规民约具有这样的缺陷：一是村规民约适用的范围总是有限的，涉及不到日常生活的方方面面，很多时候会出现因纠纷和矛盾过小而无人管理的尴尬局面；二是村规民约在语言表达上通常采用的是专业的法律用语，相对于习惯法的表达而言比较抽象、生硬，并且还不同程度地存在着晦涩难懂的现象；三是纠纷的解决和案件的处理往往都需要国家司法机关的干预，但国家司法机关在干预和处理某项纠纷时，需要以法律为基准，而法律调整的范围却十分有限。因此，在发生一些较小纠纷时，国家司法机关力量不足以展开全面的管理。据田兴智说："一般村里面的事是村里面解决，但涉及村与村之间的事，寨老就比较清楚，至少比我们年轻人要清楚得多。"①

总的来说，田氏苗族的村规民约中有很多观念是值得我们学习、借鉴和思考的。从经济发展的角度看，生活水平差距不大，村民间的利益交叉点较多，所以产生的分歧较少，大多的纠纷都是属于正常的邻里纠纷，且容易达成一致的意见。因此，制定的规则和条约可以很好地维护绝大多数人的利益，从而避免了因利益纷争而带来的违规行为。从村落的构成上看，田氏家族作为清江村的核心组成部分，他们不仅是传统的代表，也是权威的代表，彼此之间的联系较为密切，能够形成稳定的社交模式和共同的利益需求，所以能够相互尊重和相互依靠，有助于维护乡村秩序的稳定。从条约本身来看，村规民约在一个村寨里之所以能够起到如此重要的作用就在于其制定过程是全民参与的，能够调动大家的积极性去思考真正维护自身权益的条约，这也是在乡村社会中大家以平等身份对权利做出的相互妥协的结果。

① 与田兴智的访谈记录，地点：田兴智家，时间：2019 年 7 月 11 日。

第四节　行政区划下的田氏苗族

关于祖先如何划分属地的问题，田氏苗族有这样一个说法：在很久以前，当田氏苗族的祖先决定定居清江村时，几个家族就属地划分的问题争论不休。后来就有人提议每个家族派出一个代表，在山头分别朝东西南北四个方向射箭，最终以箭射到的位置来决定各个家族的属地。富有智慧的田氏苗族祖先便在深夜命人先将箭放置在较远的位置，第二天射箭的时候就以该箭为标准，进而确定彼此的属地。这样的说法虽未能完全被证实，但我们可以据此推断，田氏苗族的祖先曾因为属地的问题与其他家族发生过冲突，但最后以某种大家都能接受的和平方式解决了。

但在现实生活中，田氏苗族居住的清江村地界历经了多次行政区划。从史料记载来看，清江村的行政区划比较复杂，且多有波折。根据民国《麻江县志》记载，在民国三年（1914 年）卡乌大寨即今清江村地界，又称为岩寨，属于麻哈县东南区。“三年元月十二日，废麻哈州建麻哈县……县以下设行政建制。以县城为中心，按方位划分为东、东南、西南、北、中五区，区直管寨……东南区，管瓮里、秧塘……卡乌等寨”。民国九年（1920 年），废道改为八寨县，设 5 个区 26 个保，岩寨属于第四区第二保。在民国二十年（1931 年），清江村地界属于麻江县（1930 年 3 月麻哈县改称为麻江县）管辖，“（民国）廿年二月筹办自治，划为六区，领镇二十四，乡五十九，附郭为一区领镇二……城东为二区，领镇三……领乡十五……曰卡乌（领岩寨）。”[①] 在此期间，八寨县与麻江县就卡乌大寨（清江村）的行政区划曾发生不小的纠纷，这场纠纷引起了民国麻哈县政府的高度重视，时任县长王品学亲自在清江村等地进行勘察，并将处理结果刻写在石碑上以晓谕地方。

---

① 民国《麻江县志》卷二《疆域沿革》，收入《中国地方志集成·贵州府县志辑》第 18 册，巴蜀书社，2016，第 344—345 页。

麻哈县公署

为出示立碑晓谕以垂久远事。案据北区卡乌寨甲首田埋耶、田路拿等呈称："窃民等卡乌大寨，向归麻哈。居麻之地，纳麻之粮，应麻之役。伊古以来，历数百年，毫无异议。不料，改革后，冤遭八寨属石桥堡杨区长，视民等愚懦可欺，捏谓民寨系归八寨管辖，不时借端派敛，每次每户洋一元或至二三元不等。

民寨各户，均系穷苦小民，耕种度日，何克臻此？午夜泣思，莫何可奈□损民？本区团防分局长邬开第转呈县长，咨请派员会勘，暨上诉省长公署在案。现该区长等已经改释，畏不敢来。但恐日久弊生，萌芽再发。为此，公恳天恩垂怜体恤，赏示立碑，以垂久远"等情。据此，除准理批示外，合行示谕。为此示，仰北区卡乌各甲暨各花户等，一体知悉：此系派员会勘，暨上诉省长公署在案。勿得故违干咎！切切，特示！

右谕通知

民国十二年六月十日

县长：王品学

实刊卡乌大寨晓谕

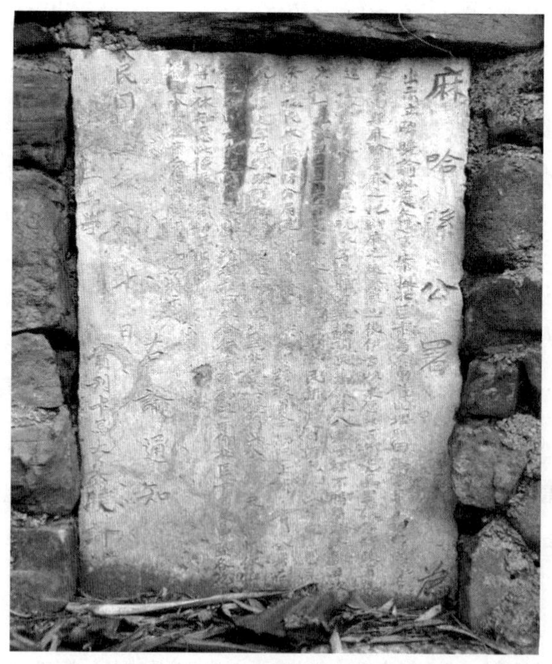

图2.3　清江村大寨碑刻（黄晓海摄）

我们可以推测该碑刻里所提及的“改革”应该就是指1920年将卡乌划归八寨县一事。然而因八寨县石桥堡杨区长在当地“借端派敛”，故麻哈县拒不接受“改革”一事，并认为“窃民等卡乌大寨，向归麻哈。”从而将八寨县石桥区区长告到省里，在此风波下，卡乌大寨又重归于麻江。

直到民国二十一年（1932年）八寨县奉省政府令划分乡、镇，原5个区不变，将26个保改置13个镇11个乡，岩寨属第四区南皋镇。而民国二十七年（1938年）南皋镇的岩寨又被划归为麻江县宣威乡公所。

1951年，其地属麻江县宣威管理区卡乌村；1951年又将其划归于卡乌行政村；1952年岩寨完成土地改革后，于1953年组织互相组，隶属于卡乌乡人民政府；1956年以清水江命名，建立清江高级社，仍属于麻江县。

1959年，以清水江为界，清江村被划入丹寨县南皋管理区，改为岩寨大队。其原因有二：一是20世纪50年代末，卡乌发生自然灾害导致粮食减产，卡乌河口受灾尤其严重，卡乌大寨（清江）持续向卡乌河口供应粮食，两地渐渐因生活物资的分配产生矛盾，由政府调解后分化为两个村寨，1959年岩寨大队（清江村）由麻江县宣威管理区划入丹寨县兴仁人民公社南皋管理区。二是为满足缴粮之便。据田仕口述：“清江村在1958年以前是和卡乌一个村，都属于同一个堡（十三堡），后来因为要上缴粮食，卡乌没有仓库，而丹寨有仓库，为了方便，村民便抬粮食到丹寨仓库上缴，因此就将清江村规划到丹寨了。”①

1961年8月，丹寨县境划归麻江县和雷山县，岩寨大队属麻江县兴仁区公所南皋人民公社管理委员会。1962年10月，国务院批准恢复丹寨县，岩寨大队属丹寨县南皋人民公社管理委员会。1963年，大兴人民公社管理委员会和南皋人民公社管理委员会合并称新南人民公社管理委员会，辖清江大队。1968年7月，改称清江大队革命生产委员会，属新南人民公社革命委员会，辖5个生产队，计112户517人。1981年5月，改称清江大队管理委员会，

---

① 与田仕的访谈记录，地点：田仕家，时间：2019年10月18日。

隶属新南人民公社管理委员会。1984 年 8 月，改称清江大队管理委员会，属新南乡人民政府。同年 10 月 10 日，新南乡人民政府更名为南皋乡人民政府，清江村村委会隶属其下至今。

清江村归属的不断变换，不仅仅是因为它地处两县之间，更为重要的是存在“插花地”问题。“插花地”是因行政区划调整而出现的一种长期而普遍的社会现象，这一现象在贵州非常普遍，既有历史的原因，也有人为的原因。清代学者、官员胡林翼将“插花地”分为“华离之地”“犬牙之地”和“瓯脱之地”三种类型。杨斌认为，“插花地”是特定时期、特定历史条件下、特定区域内的各个政区（或行政区划）在形成、发展和变迁过程中形成的各种穿插交错或各种经界不正之地的总称，包括飞地和犬牙之地两种基本类型。①

清江村的新村是一个新的聚落村。因田氏苗族人口发展较快，原有的四个自然寨可供居住的面积有限，难以容纳迅速发展的人口，故村委会引导一部分人迁徙至麻江县境内，定名为“新村”。从表象上看，新村的土地原本就属于清江村，不存在土地纠纷的问题，但还是会引发一些其他的问题。

新村与其他四个自然寨被清水江隔断，再加上行政划分的原因，新村村民若要饮用麻江县卡乌村的水是需要收费的，所以新村的村民只能舍近求远地饮用从大寨牵引过来的水源。据田兴智介绍：“新村的水都是从坡上最高处流到居住区的，而卡乌的水都是从地上抽的。新村不从地上抽水是因为新村如果和卡乌一样从地上抽水是需要付费的，但因县区抽水不需要钱，所以新村所用的水便是从岩寨抽过来的，那儿有个蓄水池，大寨和月亮坡也分别有一个蓄水池。新村自己只有一个水头，水从水头引到水池去。”②

---

① 杨斌：《插花地研究：以明清以来贵州与四川、重庆交界地区为例》，中国社会科学出版社，2015。

② 与田兴智的访谈记录，地点：田兴智家，时间：2019 年 7 月 11 日。

图2.4　2018年10月8日，清江村新村航拍图（清江村村委会提供）

图2.5　为了强调清江苗寨的新村属于丹寨县，故在入村的正大门上特意加了“丹寨县”三字（伊明摄）

但新村与周围卡乌村的村民又因在很多方面有着共同的利益而被捆绑在一起。如清江村新村的移动信号及网络信号问题，在新村的地界上并无可供使用的基站，因此新村村民无法正常使用移动信号也无法上网，在一些村民的积极呼吁下，一些电信公司以麻江县卡乌村的名义为清江村新村新建了基站以便利民众生活。

清江村的新村与卡乌村总有说不完道不清的吊诡现象。但对于清江村新村村民来说，这些吊诡的现象其实是很平常的事。他们从不认为会因此与麻江县卡乌村的村民变得对立，也不会因此与清江村其他四个自然寨的村民变得疏远。相反地，他们不仅能与卡乌村的人和谐相处，而且对其原来的居住地也有很深厚的感情，即使生活有些不便，但新村村民对清江村仍有着很强的归属感。田氏苗族是一个没有文字记载的族群，所有关于其归属的记忆全部靠口耳相传，时间会让人们遗忘一些更加久远的事情，就如立在清江村大寨的碑一样，会随着时间的推移而变得模糊不清。现在田氏苗族的记忆只追溯到 20 世纪 50 年代，他们已经遗忘了其实在更久远的时间里他们属于麻哈县（麻江）。在村民们看来，他们是清江村的村民，与清江村有着割舍不掉的关系。这一点我们可从现居住在新村的村民对其他四个自然寨的称谓中感受得到，新村的居民习惯性地喊其他四个自然寨为“老家”，就像每个人对自己故乡的称呼一样。“老家”代表的是自己的来处，承载着一种思念与不舍。正因为这种割舍不断的情怀，定居在新村的每一个田氏苗族无论身处何方都始终觉得自己就是丹寨县南皋乡清江村的一分子。

总的来说，清江村的田氏苗族对其记忆中的家族与土地都有着难以割舍的感情。如在一起与丹寨县南皋乡石桥村的“插花地”纠纷中，田氏苗族将他们对土地的热情表现得淋漓尽致。清江村村主任田如能介绍说，事情缘起于“古法造纸”旅游项目的规划。石桥村在打造旅游景点的时候，将原本属于清江村地界的一处古法造纸景点——穿洞纳入自己的范围。由于穿洞的旅游价值和实用价值，清江村与石桥村据理力争。田如能称，清江村与石桥村的行政区划界线是在穿洞后、清江村前的清江桥。由于田氏苗族没有文字记载，难以提供文字证据证明该地属于清江村。但田氏苗族的祖辈均埋葬在此处，且穿洞前面有一块水田是田氏世世代代耕种的，以上两点皆可论证穿洞是属于清江村的。最后经县政府审查，判定穿洞的确属于清江村，但为支持石桥村的旅游发展，还是决定该地由清江村租借给石桥村使用。

图2.6　穿洞前田氏耕种的田（严梅梅摄）

在以上两个“插花地”事例中，我们可以发现，“插花地”产生的原因是多方面的，除国家行政力量的因素外，还与人群生存策略、民族文化传统、地方社会建构乃至自然地理条件及生态结构等因素有关。同时，“插花地”所带来的社会问题也是多方面的，且不同时期的问题具有鲜明的时代特色。

第三章　村落格局

第一节　村落布局

清江村下辖五个自然寨，分别为大寨、岩寨、月亮坡、大冲和新村。大寨、岩寨、月亮坡、大冲四个自然寨位于清江村的传统聚居区，即南皋河两岸的山坡上，其中月亮坡和大冲位于南皋河北面的山峰顶端，大寨和岩寨则临近南皋河，分别位于右岸和左岸的山坡上。新村自然寨作为清江村的一块飞地，位于清江村核心区西南方向上的一块平坦谷地内，被麻江县宣威镇卡乌村所环绕。

就建筑形式而言，大寨、岩寨、月亮坡、大冲因为建寨历史比较久远，其传统民居均采用苗族木质吊脚楼。这些吊脚楼又因村落在山上分布的位置不同而分为斜坡吊脚楼和平地吊脚楼，大寨和岩寨的建筑排布在半山腰，因山势倾斜，故更多的是斜坡吊脚楼，而月亮坡和大冲的聚落主要位于较平坦的山顶，所以平地吊脚楼占据主流。新村成立于21世纪初，建筑样式采用比较现代的独栋砖瓦楼房。

吊脚楼作为清江村的主流建筑形式，主要建在山腰或山顶上，其原因主要有：

首先，明清时期贵州匪患严重，直至中华人民共和国成立后，依然有零星匪乱。同时，少数民族内部、少数民族之间、苗汉之间在历史上的不同时期都存在过或大或小的矛盾。为了防备兵祸，寨子依山而建，居高临下，易守难攻；高处具有较好的视野，更可以提前预警以做战斗或撤退的准备。这样在居民人身安全保障上就有了优势。

其次，贵州山林茂密，毒蛇蚊虫较多，居于高处，可以在一定程度上避免受到这些生物的伤害。

再次，贵州山峦重叠，低洼盆地虽然易于种植，但采光有限，苗民往往在半山腰甚至山顶开垦土地。这种情况下，居住于半山腰就便于外出耕作与归家。

最后，南皋河每年在丰水期会涨水漫过两岸，在山谷内的平地上建寨，尽管便于交通，却容易被洪水侵袭，造成生命的危害和财产的损失。

图3.1　建于山腰上的岩寨（伊明摄）

因此，在清江村的五个自然寨里，岩寨、大寨、月亮坡、大冲的居民都选择了在半山腰和山顶建房，只有新村选择在平地建房，这是由于新村居民点建设较晚，吸收了汉族的砖瓦建筑风格，所处地理环境比较平坦，不临河也无山遮挡，所以基本没有大寨、岩寨这些建寨历史比较久远的自然寨所要面临的社会与自然问题。

第二节 传统民居

一、山水路网格局

清江村的核心区由大寨、岩寨、月亮坡三个自然寨组成，这三个寨子沿南皋河两岸分布。其中大寨与岩寨位于同一道山谷之间，隔南皋河对望，月亮坡则位于一条垂直插入山谷的山岭顶端。这三座自然寨所在的山岭除了布满苗族传统建筑吊脚楼外，在山峰顶端较为平坦的区域均有村民开垦出的梯田。

图3.2 清江村的大寨与岩寨隔南皋河对望（伊明摄）

南皋河由东南向西北方向流经大寨、岩寨，受月亮坡所在的喀斯特山峰的阻挡后转向西南方向流淌，最后绕过月亮坡汇入清水江。南皋河遇到月亮坡山峰转向后在左岸形成了较为平坦的冲积平原，河水中丰富的有机质沉积物肥沃了这片土地，使其成为一片长势喜人的水稻田。村中还在此建有养鸭场，巨壁之下有几千只鸭子凫水于碧波之上，诗情画意跃然眼前，从而形成了一个兼具生产生活功能与景观功能的区域。

图3.3　南皋河里的鸭群（伊明摄）

清江村的道路体系主要分为主干道、河岸步道和寨内街巷。主干道作为清江村与石桥村和卡乌村的连接，是进出清江村的咽喉要道，它直接在大寨、岩寨、月亮坡所在地的山脚下穿过，是较为宽阔的双车道柏油马路。

河岸步道则位于大寨、岩寨与南皋河之间，南皋河作为清江村的母亲河，不仅灌溉着两岸的稻田、养育着鸭群，还担负着村民戏水休憩、放牛钓鱼的生活职能，可以说这两条河岸步道就是自然与民生间的一根纽带。

寨内街巷沿各处民居呈网状分布，根据地理位置的重要程度又可分为主脉与支系，主脉道路宽阔、路面平整，基本为水泥路且不设台阶。

图3.4　大寨中心的一条横向主干道（伊明摄）

譬如大寨村的主路网呈“工”字形，分别为环绕山顶的主路、在中线位置连接山脚与山顶纵穿大寨的主路和途经山下通往岩寨的主路。

图3.5　白色水泥路和黑色柏油路以及村中垂直于二者的道路构成“工”字形道路网（伊明摄）

岩寨的主路则起于河岸步道末端，绕往后山耕地，整体呈“3”字形。月亮坡因人口较为稀少，没有明显的主路网。

图3.6　岩寨“3”字形主路，上连后山田地，下接南皋河岸（伊明摄）

二、村落功能

清江村规模最大的两个自然寨分别是大寨和岩寨，而二者在功能上各有分工。大寨承担着清江村的行政功能与对外交流功能，在大寨主干道边上的村办公室里不仅设有丹寨县南皋乡清江村村民委员会，还驻有丹寨县南皋乡清江村村务监督委员会、贵州省丹寨县清江馨香蔬果产业扶贫专业合作社、村卫生所、村广播站等机构，清江村的乡规民约公告栏设置、外地游客住宿接待也基本由大寨完成。岩寨则承担了较多的文化功能，例如翻鼓节广场就设置于岩寨寨口，而清江村翻鼓节所使用的木鼓也保存在岩寨。每年翻鼓节，在岩寨的山脚下将举行盛大的歌舞表演，吸引着远近中外的游客。

图3.7　清江村村委会办公楼里有多个职能部门（伊明摄）

三、苗寨人口聚居特色

贵州的苗族人民往往是在不同的历史时段由外省迁移而来，在一片陌生的土地上，从安全、生产、互助等多个角度来讲，聚族而居是其最好的选择。在苗寨中，基本上一个村寨只有一个姓氏，或者以某个姓氏为主。清江村的绝大多数村民都为田姓，即使历经几个世纪的社会变迁，至今居住于清江村的外姓也只有几户。这些少数姓氏往往是从外地前来投靠亲友的，或者入赘清江村的。这样的外姓居民因为没有家族庇佑、鲜有依靠，故在与外界连通有限的村寨内生活相对艰辛。外姓在当地购地建房，也往往与大姓相隔一段距离，多位于村头寨尾、独门独户。外姓居民去世后不能埋葬在大姓人家的墓地中。

讲究聚族而居的苗民在建造房屋上同样喜欢抱团分布。通过对一片民居地理排布构造的观察，便基本可知其主人的血缘关系、本家与偏房各在何处。同一个家族的所有住房坐向，要求尽可能地保持朝向一致，不可以面对面建房。苗族村民认为，坐向一致显示家族团结和睦，房屋相互抵触会给家族带来灾难。所以在清江苗寨可以看到，民居的排布、朝向都比较规整，没有犬牙交错、互相冲突的情况。

图3.8　俯瞰大寨的民居分布（伊明摄）

苗族民居另外的一个建筑特点就是“背山面水”，即要求房屋建于山坡之上，面对河水；如果没有水，那么就采用“背高面低”的布局方式，即便修建于山顶，房子背后必须有山。[①]清江村除了新修建的新村自然寨因地势问题为一平地聚落外，大寨、岩寨、月亮坡均采用背山面水的格局，而大冲因为面前

① 吴正光：《屋里屋外话苗家》，清华大学出版社，2012，第42页。

无河流，采用的是背高面低的布局。苗族的这种建房传统是同贵州省的地形地貌具有密切关联的，甚至可以说是受贵州地形限制而产生的一种建筑风格。贵州多山少平地，同时河网密布，在山坳河谷之间建房，一者空间有限，二者山谷内采光有限，三者防御外敌不利，所以苗族民居背坡分布，往往就形成了背山面水的格局。

图3.9　背山面水的大寨（伊明摄）

四、村落特色结构

世代深居于苗岭大山的苗族，与外界文化的交流、融合有限，所以完整地保存了很多民族传统与信仰。如清江苗寨的广场承担着节庆、议事等功能，保寨树则寄托着苗民的自然崇拜情结。

广场：苗族是一个能歌善舞、传统民族节庆众多的民族，在较为闭塞的乡村生活中，观赏节庆时的庆祝活动——“看会”占据了村民的大部分娱乐时间。苗族村寨中往往都会设置一块广场，其作用有以下几点：（1）每逢重大节庆，村民聚集于此共同歌舞以示庆祝。(2)村中有重大事情需要全体村民参与商议时，广场便提供了场地之便。(3)有的广场上还安装了篮球球筐，使得广场兼具篮球场功能，成为村民健身运动、举办比赛的场地。(4)丰收季节，可以将广场作为晒谷场来晾晒稻谷。

图3.10 翻鼓节广场连接着大寨与岩寨（黄晓海摄）

保寨树：苗族人民具有纯朴原始的自然崇拜习俗，一些山石树木都在其神话体系中具有重要的地位与神力。苗族人民往往会将一棵古老的大树作为保寨树来庇佑整个村寨平安多福，而保寨树的树种并不固定，有榉树、香樟、松树等。清江村大寨的保寨树就是一株据说有千年寿命的榉树，岩寨的保寨树则为香樟。而保寨树往往也不会孤零零地存在于某处，基本会位于村落内部的一片古树林内。这就形成了寨内有林的村落布局，这种民族信仰也使人工建筑与自然环境显得更为和谐。

图3.11 大寨的保寨树（伊明摄）

清江村是一个以苗族为绝对主体的村落，苗族人口占比达到98.5%，这也意味着清江村的民居保留了原汁原味的苗族建筑特色。

在建筑形式上，除了21世纪初新成立的新村采用了汉族砖瓦结构建筑，大寨、岩寨、月亮坡、大冲均采用传统苗族木质吊脚楼建筑，尤其以大寨和岩寨两个自然聚落的建筑最具代表性。其民居由下至上层叠分布于山坡之上，鳞次栉比，建筑依山势包覆其上，而其间又有保寨树和晒谷场，使得苗寨并未呈现枯燥的模式化样貌，而极具世俗人情的烟火气息。在两寨之下的山谷间，更有清水江支流南皋河潺潺流过，一派祥和宁静的世外桃源之景，而南皋河在月亮坡大岩壁前水流受阻冲击出的河滩成了肥沃的水稻种植区。

图3.12 种植在河滩边的水稻（伊明摄）

五、干栏式吊脚楼的建筑特色与成因

春秋战国时楚国诗人屈原在《九歌·东君》中写道：“暾将出兮东方，照吾槛兮扶桑。”“槛”指的就是干栏式建筑，屈原所写的正是楚地苗族和先民们的住房。1963 年，中国科学院考古研究所安志敏在《考古学报》第 2 期上发表的《“干兰”式建筑的考古研究》指出：“干兰”式建筑作为长江流域及其以南地区的土著建筑形式大约在新石器时代早期就开始出现了。[①] 费孝通则认为：“到新石器时代，中国的建筑已分为南北两大系。南方从巢居发展为干栏式建筑。已发现的最早遗存是距今 7000 年的浙江余河姆渡遗址的干栏式建筑。其构巢方法兼用榫卯和绑扎，技术水平已相当高。”[②] 由此可知，7000 多年前吊脚楼这种建筑形式就已初备雏形，而浙江河姆渡遗址所在地——长江下游太湖地区正是苗族先民曾经的聚居地。由此可以认为，干栏式吊脚楼工艺是由长江下

① 安志敏：《“干兰”式建筑的考古研究》，《考古学报》1963 年第 2 期。

② 费孝通：《中华民族多元一体格局》（修订本），中央民族大学出版社，1999，第 76—77 页。

游东夷苗族先民传承而来的。可以说，干栏式吊脚楼是5000年前东夷文明的文化孑遗。如今，长江下游已经久为汉族聚居，苗族向西南迁徙之后，吊脚楼建筑再难寻踪影。

苗族吊脚楼就地取材，依托贵州省丰富的森林资源，全部采用榫卯结构的木材搭建而成。丹寨地区盛产杉木，建筑用料也多用杉木，一座座吊脚木楼反映的正是当地的资源特征。由于当地的树木资源丰富，古木众多，有较多树径粗壮的植株可用作建材，从而满足了传统建筑中重要的结构——大梁对木料的较高要求，进而提高了建筑结构的稳定性。[①] 清江村的吊脚楼都是背山面水的，强风来袭时，木质吊脚楼有比较坚实的山体为后盾，更耐风。

穿寨而过的南皋河为清江苗寨提供了另外一种建筑资源——石块。在村寨中，不是所有的地方都适宜用木料来构建，如路面、广场铺面和院落的基础等，南皋河中的石块正好被用于不宜使用木料之地，墙垛、路面皆可见混杂于水泥之中用于加强建材强度的鹅卵石，石块也成了清江苗寨的重要建筑原材料之一。

图3.13　苗族建筑用材除了木料之外，另一种常见的材料是石块（黄晓海摄）

① 高培：《中国千户苗寨建筑空间匠意》，华中科技大学出版社，2015，第25页。

六、吊脚楼的选址与风水

清江村吊脚楼建筑均处于近水朝阳的山坡上。远古时期“北人穴住，南人巢居”。南人巢居是因为南方多雨，地表湿气重，这样容易使人畜以及家居用品受到损伤，加上地面多猛兽毒蛇不利于人身安全，所以人们在树上筑巢居住。后来由于生产水平的提高，人们开始在山上较高的地方修建房屋，但两种区位选择的初衷是一致的。

苗族的风水理念主要包含两个方面：一是聚族而居，这样便于劳动生产。这是因为贵州地区土地相对贫瘠，多山且可使用的种植平地极为稀缺，所以住处必须距离耕作、种植与养殖地近，还应向阳以便集中晾晒谷物。由于贵州山峦重叠，野兽众多容易袭扰村寨，而其他村寨的敌人或者官兵来犯时，聚居能迅速聚集强大的反击力量。二是邻近河水。水是生命之源，保障着人畜的存活和水稻等农作物的灌溉；在半山居住，留平地来开田种地，充分利用地表资源于生产。苗家人还把山理解为人丁，把水理解为钱财。山坡墩厚，可出文人，奇峻威武，也可出武人；水流要曲折反复，才能殷富有财。山要环绕围拱，水要弯弯曲曲，寨内才会人丁生生不息、财旺源源不断。① 与此同时，建房要求尽量满足“背山面水”或“背高面低”的布局。房子最好的选址是前水后山，尤其是背后一定要有山峦。

此外，苗族人还会对风水进行改善，如寨子所依傍的山坡要多种树。清江村大寨有一片古树林，寨民在其间广植楠木、榉木、枫香等，以充实山脉灵气。在河下游的出水口处要架桥，才能截住水龙，以聚财源。清江村在南皋河上建有风雨桥，既连接了大寨与岩寨的交通，又可以作为年轻男女相会谈情之地，更起到了聚拢财源的风水效用。隔河的寨子之间修桥，桥上盖瓦，形成风雨桥，除了方便生产和生活之外，还能使山脉之间灵气相通，人气通融，这体

---

① 吴育标、冯国荣：《西江千户苗寨研究》，人民出版社，2014，第 73 页。

现了一种化阴为阳、阴阳相辅相成的人与自然界和谐的理念。[①]

清江村各自然寨主要以同宗聚居为主，世代沿袭相聚在一个自然小村寨里，本村寨居民的姓氏大多相同，只有少数外姓。这样，整个寨子从整体到内部的每个单元都是以血缘亲疏关系为纽带进行分布的。

村寨的布局结构还包括安防、娱乐等空间。各寨均设有防火塘和现代化消防设施；青年男女婚恋的游方坡设在前往月亮坡的路上，既远离村落聚居区又交通便利；芦笙堂原本在岩寨寨口处，现在在原址上修建了翻鼓节广场，但其作为节庆日歌舞欢聚场所的功能并未改变。

图3.14　大寨路边的消防栓（伊明摄）

① 吴育标、冯国荣：《西江千户苗寨研究》，人民出版社，2014，第 74 页。

七、吊脚楼种类

1. 平地吊脚楼

建于平地的吊脚楼，一般只有一块地基，落地柱居里，为一楼；吊脚柱居外，为二楼；四周转角回旋，设有干栏走廊、“美人靠”和休息楼梯等。这类吊脚楼在较为平坦的月亮坡比较多见，大寨、岩寨内也有分布。

图3.15 大寨寨脚的平地吊脚楼（伊明摄）

2. 斜坡吊脚楼

建于斜坡的吊脚楼，一般依山势建有上下两层地基，下层地基建有支撑吊脚楼的柱子，并作为牲畜圈养处或生产用具的存放处；上层则为居住、生活空间，其建筑超过地基向外延伸以扩大空间。这类吊脚楼在岩寨和大寨分布广泛。

图3.16　大寨的斜坡吊脚楼（伊明摄）

八、吊脚楼的建筑结构与功能

1. 木架结构

吊脚楼的样式为穿斗式木结构歇山顶，一般有四榀三间、五榀四间、六榀五间几种形式。一榀有五柱四瓜（架于穿木方的短柱），而偏厦只有四柱。五柱之间用横梁贯穿，形成一排柱架，每排柱架之间的承重关键点又通过纵梁相连，梁与柱之间的连接点则通过榫口与木钉卯接，形成枋梁交错、吊脚牢靠、整体稳固的结构。①

二楼正中央设正堂，正堂正面设有可以关闭的屋门，屋门之外是一处长方形休憩空间。这处空间的建筑最外沿往往设置一条大长板作长凳，板外边有条状木质护栏，可供主人与来访宾客休息、观景和乘凉时使用，坐在长凳上时，人面向正堂，背对屋外。这处开放空间也便于屋主人同楼下经过的人们交谈。苗语称这一结构为“干席”，建筑学上称为“美人靠”。

① 吴育标、冯国荣：《西江千户苗寨研究》，人民出版社，2014，第 75 页。

图3.17　吊脚楼顶层内部梁柱结构
（伊明摄）

图3.18　二楼的木质格栏即为“美人靠”
（伊明摄）

2. 开间结构

吊脚楼建筑一般修建三层，下面两层作为主要的生活生产空间，上面一层往往发挥储物等次要功能。

第一层一般设置成全封闭或半封闭的棚屋，可以存放农具，关养水牛、家猪等牲畜，也可贮藏杂物，还会设置厕所于此。一些平地吊脚楼在一层也会设置卧室以增大生活空间，便于亲友来访时居住，但一楼的采光与干燥程度并不乐观。

第二层则包含了堂屋、卧室、厨房等空间。堂屋内设有神龛、祖宗牌位、火坑等，家谱亦多保存于此，平时家庭聚餐、烤火也往往在此处进行。厨房和卧室一般设在堂屋的两侧，吃饭的堂屋和厨房连在一起，便于传送菜肴与规整餐具物品。

第三层存放粮食、种子等生产生活资料，个别人家也在三楼设有卧室。有的人家在吊脚楼顶层会扩建出一块平整的晒场，这是最近几年吊脚楼建筑的新构造。

图3.19　一些空间较宽敞的吊脚楼，一楼也会放置摩托、农机等大物件（伊明摄）

图3.20　吊脚楼阁楼外扩建的晒场（伊明摄）

3. 附属结构

吊脚楼的周围一般挖有排水沟，与主路上的排水沟连接，依山势将各家屋檐的雨水汇入主通道并从高处排往山下。

九、吊脚楼的生产生活结构

1. 堂屋

堂屋是中国传统民居中一个较为常见的典型的构造空间。《中国土木建筑百科辞典》中对堂屋的解释是："堂屋：传统民间住宅中，正房中位于中间的一间，大多作起居、会客及供奉祖先使用。"[①] 同样，堂屋在苗族建筑中也具有十分重要的意义。在吊脚楼中，堂屋是最为开放、多样的空间形式。它在世俗生活中的首要功能是会客厅，当家庭、家族举办重要活动或者宾客来访时，堂屋就成为接待亲朋、聊天宴饮、举行活动仪式的地方。黔东南平地稀缺，不像中原地区有比较宽敞的院落，所以堂屋就成了苗族重要的社交空间，是嫁接于室内的活动广场。

在堂屋面对屋门的墙上，正中央设有神龛供奉祖宗，所以它又是缅怀苗族祖先的精神圣地，是先祖的"卧室"。苗族传说中，逝去的人们灵魂还会存在，有时就居住在堂屋之中，所以堂屋内一般都设有供先祖亡灵居住和生活的空间——祖堂。祖堂位于堂屋正向墙壁的正中间，往往会以红木设置排位和神龛。每到祭祖的日子，堂屋便从生活空间转化为精神空间。

悬挂于正面墙壁上的除了庄重的神龛之外，居民也往往会悬挂一些家庭合影或者至亲先祖的照片以作纪念。这无疑在肃穆的氛围之中增添了一丝温情。堂屋的其他墙壁往往会悬挂家中小辈获得的奖状以示荣耀。

① 李国豪等编《中国土木建筑百科辞典》，转引自许剑锋、宋昆：《"神圣""亲和"话堂屋：城镇化建设进程中民族文化的保护与实践》，《工业建筑》2009 年第 9 期，第 136 页。

图3.21　堂屋正中央设置神龛（伊明摄）

图3.22　祖宗神龛下的土地公神龛（伊明摄）

图3.23　堂屋里的祈福树（伊明摄）

如果家中有儿童，长辈往往会通过苗巫为孩子在堂屋中树立一棵“祈福树”，祈福树用竹枝作为主干，上面悬挂猪骨、糯米包、红色布条等物，用意在于保佑孩子平安健康、不受妖魔侵袭。

堂屋还是一个观景空间，是家庭成员放松身心的重要场所。在堂屋正向面向户外景观的是一条木质长凳，即吊脚楼建筑中具有代表性的设施“美人靠”，在功能上类似于汉族建筑的阳台，可以供人晾晒农作物、衣物等。家庭成员与来访宾客常常于此区域刺绣、纺线、观景、交谈，同时作为室外开放的空间，方便主人同屋外路人交谈。

堂屋不论在吊脚楼的水平结构中还是竖直结构中都处于中心位置，所以它承担了沟通整栋建筑的中央枢纽功能。绝大多数房间都向堂屋方向设有门，屋内卧室、厨房的房门一般都朝向堂屋。垂直方向上，堂屋中一般会设置梯子联系下方的吊脚层和上方的阁楼层。堂屋可谓一座吊脚楼的中枢大脑。

2. 火塘间

由于黔东南地区冬天苦寒湿冷，而用以驱寒的火塘从古至今就是苗族民居中不可或缺的建筑部分。火塘间的面积一般为 10 平方米左右，可以单独设置，也可与堂屋融合于一体，扮演着家庭活动室、小型会客厅和临时餐厅的角色，可谓家庭的生活中心。

人们一般会在地上挖一个直径 50 厘米左右、深度 20 厘米左右的火坑，称为火塘，天气寒冷的时候，会在火塘内放置木炭甚至一些生活杂物燃烧取暖。对于平地型吊脚楼，因为一楼往往为土地或水泥地，所以火塘间的设置位置不受建筑材质与空间限制。但对于斜坡吊脚楼，火塘间一般都位于吊脚后侧，因为只有房屋后部有地层基面的部分能满足这种使用要求。① 火塘附近往往还会设置一张小方桌和若干矮木凳，天气寒冷时，家人或者与外来访客围坐在方桌周围餐饮聊天，这里便成为一个交流感情的社交空间。

很多情况下，一家人甚至在火塘间看电视、聊天和进行其他娱乐活动，它成了实际意义上的活动室。另外，火塘间也常常作为烹煮之地。火塘间将家庭生活的主要活动内容收聚于此，具有强烈的凝聚力，近距离的接触促进了家庭成员的交流。但值得注意的是，随着科技的进步和经济条件的改善，很多苗族家庭开始用电热桌取代原始的火塘。火塘间这一苗族建筑结构或许正逐渐走进历史。

---

① 高培：《中国千户苗寨建筑空间匠意》，华中科技大学出版社，2015，第 98 页。

图3.24　电热桌替代火塘的取暖功能（伊明摄）

3. 厨房

厨房是苗族民居中同火塘间并立的另一用火房间，它将烹饪用火与取暖用火分离开来。这在汉族聚居地区民居建筑中并不多见，比如东北传统民居的室内取暖是通过厨房灶台烧火进行全屋供暖的。黔东南苗族木楼民居中设置厨房和火塘间两类用火空间，反映出一种地域性建筑空间文化特征。

苗居的厨房中一般会砌有灶台，安装一至两口铁锅，各种炊具、餐具均放于厨房之内。因为苗族同胞喜爱自酿米酒，这里除了作家庭烹饪食物之用外，也成为各家酿制米酒的小型作坊。[①] 厨房一般位于建筑的后部或两侧，并与餐厅连接，部分家庭则将餐厅与厨房合于一体。

① 高培：《中国千户苗寨建筑空间匠意》，华中科技大学出版社，2015，第 102 页。

图3.25　厨房设于二楼偏厦（伊明摄）

图3.26　厨房中放置有各种同餐饮有关的器具（伊明摄）

4. 卧室

从原初的木楼形制可以看出，卧室与堂屋同层，但随着家庭人口的增加，一些木楼也不完全遵照这一模式，而是充分利用其上层的阁楼层和下层的吊脚层，开辟一定的独立区域增设卧室。除位于木楼正面的卧室外，其余卧室或因为前方民居与后方山体的遮挡，或因为采光窗面积有限，采光条件均不理想。这也与苗族同胞将主要活动区域定位于堂屋、火塘间而非卧室有关。

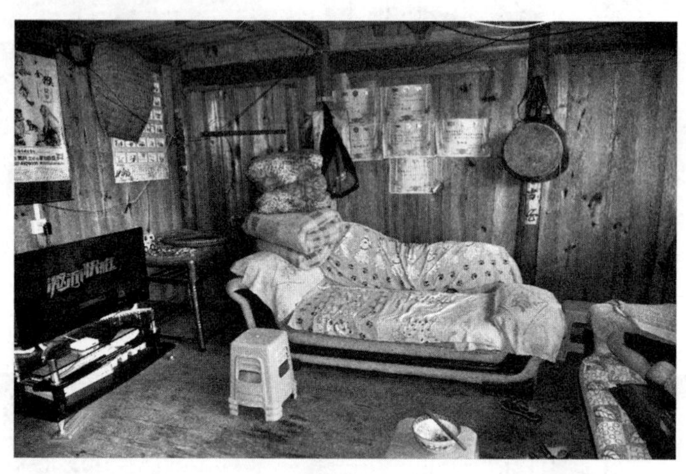

图3.27　兼具休息与娱乐功能的卧室（伊明摄）

5. 吊脚层

贵州山地众多，平地稀少，所以苗族民居往往位于山腰之上，并采用梁柱将主体建筑架空于地面之上，同时起到防潮、避虫蛇的功效，这部分架空空间称为吊脚层。由于位置低矮狭小不适于生活居住，更多的情况下，吊脚层是被当作养殖空间和生产资料储藏空间来使用的。

有的家庭在吊脚层圈养牲畜并放置饲料。同时，吊脚层也会作为生产工具和生产资料的存放地，苗民常将梯子、木桶、镰刀、斧子、锯子等生产工具和建房用的木材、砖瓦、水泥、绳索等建筑材料存放于吊脚层中。在外出农耕或进行其他生产劳动时，可以在室外直接拿到吊脚层中的物资。吊脚层充分利用了不适宜人类居住的闲置空间，具有杂物收纳的作用。① 在一些斜坡型吊脚楼建筑中，吊脚层前面往往还会用水泥和砖头建起一块平台，作为晾晒水稻、烟叶、辣椒等农作物的晒台。

图3.28　吊脚层可养猪（伊明摄）

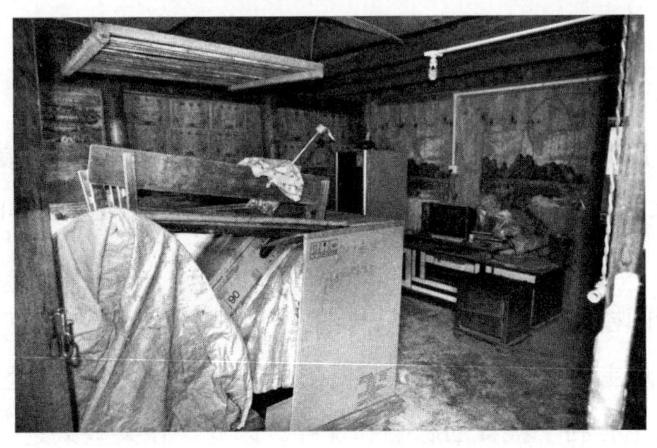

图3.29　吊脚层也可储存杂物（伊明摄）

① 高培：《中国千户苗寨建筑空间匠意》，华中科技大学出版社，2015，第105页。

但对于平地型吊脚楼或者一楼空间比较宽敞的斜坡吊脚楼来说，吊脚层同样是可以设置卧室的。

图3.30 吊脚层功能细分后，既有传统的储物仓库，又有卧室（伊明摄）

6. 阁楼层

清江地区出产稻谷、苞谷、红薯、洋芋、小豆、四季豆等粮食作物。[①]这些谷物富含水分，而贵州阴雨天较多，故收割之后，都要妥善晾晒贮藏，以防霉变。

苗族民居阁楼层往往就承担了这样的作用，这里除了储存家庭所需的一些生活资料外，最主要的是储存粮食。阁楼层居于吊脚楼的最高处，其通风条件最为优越，这也有利于粮食的晾晒和保存。因此，在某些缺乏晒谷场的村寨，居民往往就在阁楼层内晾晒新收的谷物，并储存下一年播种的种子。

① 吴正光：《屋里屋外话苗家》，清华大学出版社，2012，第119页。

图3.31　新收割的粮食可铺于阁楼地面或搭挂在横杆上晾晒（伊明摄）

即便是各楼层的室外屋檐之下，苗族居民也会充分利用，悬挂烟叶、苞谷、辣椒等作物，这些悬挂物客观上也成为吊脚楼建筑的装饰品，给吊脚楼平添了一道美丽的风景。

图3.32　阁楼外面挂满了苞谷的人家（伊明摄）

第三节　自然景观

清江村的自然环境相对闭塞，较少受到人为的破坏，因而保存了大量的自然景观。这些景观虽出自自然，但因与清江村苗族人民世代和谐共处，往往已经与苗族的神话传说、风土民俗相互融合，成为一种具有自然属性的文化载体，寄托着苗族人民对美好生活的憧憬。

一、巨型葡萄藤

顺着岩寨的主路拾级而上，转到后山一处僻静清幽的地方，就会看到两条小腿般粗的葡萄老藤攀缘于古树之上，这两根葡萄藤伴随着清江村的变迁而成长。苗族拥有其他少数民族一样的自然崇拜习俗，对于这株葡萄藤亦不例外。相传，吃了这颗葡萄藤上结的葡萄，便可以生育男孩。正因为这种淳朴的感情寄托，求男孩的苗民们便会纷纷采摘其果实食用以祈福。

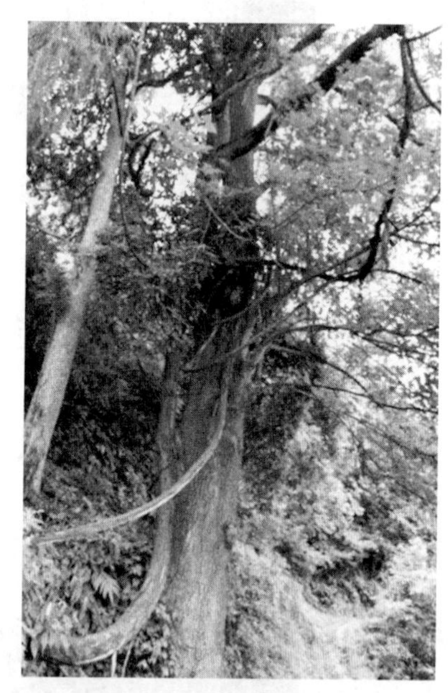

图3.33　巨型葡萄藤（伊明摄）

二、双胞胎井

清江村有两口双胞胎井，一口位于清江村大寨的寨中央，另一口则位于岩寨巨型葡萄藤附近。

大寨这口水井的建设比较宏伟。有半圆形石墙围绕水井半周，石墙上有“饮水思源”四个大字。水井井口位于地下，地面有台阶通往取水处，取水处有水泥封盖顶部以防水源污染，采水则从侧面的开口处舀取，井水清冽可口。

图3.34 大寨的双胞胎井（伊明摄）

岩寨的水井则相对比较简单，规模也较小，并不引人注目。这口水井的水泥立面呈三角形，井旁有水瓢供人取用，井水为山泉水。因为这里是岩寨村民到岩寨后山耕作的必经之地，所以这口水井也为村民和路人提供了饮水解渴的便利。

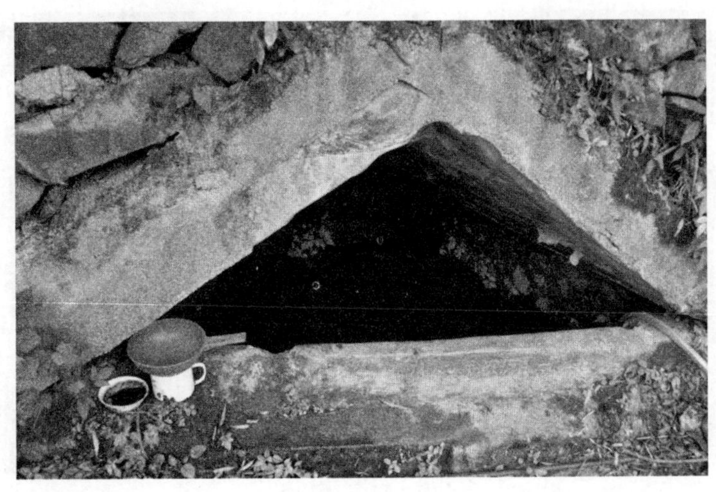

图3.35 岩寨巨型葡萄藤附近的双胞胎井（伊明摄）

相传这两口水井的井水有神奇的功效，孕妇将两口水井的井水一并饮用，同时配以果实、草药等调配出的苗族秘药服下，便可保生双胞胎。这对拥有多子多福风俗思想的苗民，无疑是具有吸引力的，亦寄托了一种对新生命的美好期盼。

三、角石化石

距今5亿多年前，地球处于寒武纪，这一时期的云南与贵州并非今日重峦叠嶂的陆地，而是一片汪洋。这片汪洋之中孕育着大量的生命，今天著名的云南澄江古生物化石群和贵州剑河巴郎古生物群就是这一时期的代表性古生物遗迹。在寒武纪开始后的数百万年时间里，发生了著名的生物演化事件——寒武纪生命大爆炸，包括现生生物所有类群祖先在内的大量多细胞生物迅速分化出现。寒武纪的生物以海生无脊椎动物和海生藻类为主，无脊椎动物的许多高级门类如头足动物、腕足动物、古杯动物、棘皮动物、腹足动物、节肢动物、棘皮动物、软体动物等都有了分支代表生物。

图3.36　月亮坡的角石化石（伊明摄）

地处黔东南的清江村在寒武纪同样是一块孕育着大量古生物的区域，如今在村内多处岩板上均裸露有古生物化石。角石化石就位于月亮坡自然寨一块农田的石板道上，长 20 余厘米，表面有环状生长纹。角石是诞生于寒武纪、繁盛于奥陶纪的一类头足生物的总称，外观形似羚羊角，一般为笔直圆锥状，部分种类为弯曲盘卷状。角石死亡之后，其肉质部分迅速腐烂分解，硬质的石灰质外壳则经过不断地层叠沉积，最终形成今日的化石，弥足珍贵。

四、牛脚印

牛脚印位于月亮坡自然寨山顶耕田的田埂石板步道上，其状貌为一前端分叉的牛脚印记，长约 10 厘米，深度 2 厘米左右。有一天，村民发现全村的耕牛都不回家，经过寻找才知道是与一只不知来自何处的犀牛嬉闹。所以村民们打算捉住犀牛，犀牛在仓皇逃跑中，用力蹬踏在石板上就形成了牛脚印。中国长江流域及其以南地区在历史上曾经是犀牛的分布地，直至 20 世纪犀牛才彻底在中国西南地区消失，所以村民捕捉犀牛的故事很可能有一定的历史依据。野生动物在石板上踩踏出脚印却是缺乏科学依据的，我们推测，很可能是在自然或外力的作用下在石板上形成了类似于牛脚印的痕迹。

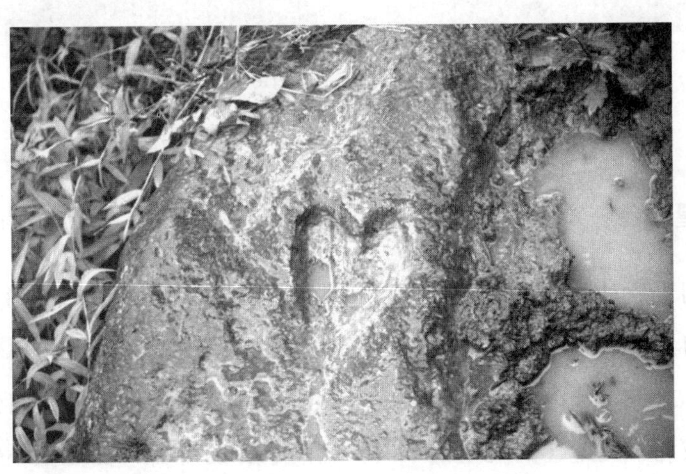

图3.37　石板步道上的心形牛脚印（伊明摄）

五、牛滚荡

牛滚荡现址位于月亮坡自然寨的一块水稻田里，为一片平坦的坝子。相传村里的水牛每天在劳作而归之前，一定要在这块地里打上几个滚，美美地休憩一下，才会同主人回家，故而得名。在牛脚印传说中，犀牛与水牛戏耍的地点正是这处牛滚荡。

图3.38　牛滚荡现为一片稻田（伊明摄）

六、望江台

南皋河干流从月亮坡石壁前绕过，如一弯新月，因此后山得名“月亮坡”。在月亮坡自然寨的寨口处，有一广阔的水泥地面广场，这里既可以作为外来拜访者的停车之地，又因为月亮坡自然寨的海拔高度高于其他四个自然寨，视野广阔，而成为一处绝佳的眺望南皋河奔向清水江的平台。在这里不仅可以看到玉带一般的南皋河形成一个窈窕的“C”字形后转弯进入卡乌村，还可以观赏清江村沿江分布的自然寨与域内的喀斯特山峦等景观，如岩寨、大寨、北面的香炉山，南面的龙泉山、蚂蟥冲、九层坡等。可以说月亮坡望江台是清江村域内视野最佳的观景处。

图3.39　在望江台上远眺清水江（伊明摄）

七、穿洞与天生桥

穿洞位于清江村正东与石桥村交界附近。穿洞为一喀斯特溶洞，洞口高近30米，洞深1500多米。它的形成是由于喀斯特地貌地下水流丰富，水流对石灰岩产生溶蚀作用和机械摩擦作用，从而产生巨大的地下溶洞空间。

步入穿洞之内，就会发现有一条地下河从穿洞深处经过层层石瀑汩汩流出洞外，而洞顶则布满石灰质钟乳石。

现在的穿洞内有一古法造纸作坊，以构树树皮为原材料，经过水沤、浆灰、煮料、河沤、地灰蒸、漂洗、选料、碓料、袋洗、打槽、抄纸、压纸、晒纸、揭纸、包装等十多道工序，生产出白皮纸，这种古法造纸制造的纸张可以保存1500年，被国家图书馆、国家博物馆指定为文物、古籍修复用纸。

图3.40　地下水侵蚀形成的穿洞（伊明摄）

图3.41　穿洞内的地下河（伊明摄）

图3.42　穿洞内的古法造纸作坊（伊明摄）

作坊里的工人匠心独具，还将天然的花草压制于纸张内部形成独具特色的花草白皮纸，可作为家居装饰，独添雅趣。

图3.43　制作中的花草纸（伊明摄）

天生桥是穿洞对面山峦中的一处连接两座山峦的天然岩拱，宽 70 余米，高 100 余米，是贵州省较大的一处天生桥。相传穿洞与天生桥所在地曾经是一个堰塞湖，两位比较知名的风水先生隐退之后，选择此地作为自己百年之后的墓葬地。下葬之后，两人化作两条地龙留居此处。一年后，天王召集所有地龙考核，一条龙从水中钻出，钻出之处就形成了天生桥；另一条龙从土中钻出，钻出之处就形成了穿洞。

八、楠木群

苗族人民具有传统的自然崇拜情结，对山石树木都有着虔诚的敬畏感。在清江村大寨自然寨靠近山顶的地方，就保存有一片楠木林，植株普遍高于30米，其树围超过50厘米的就达41株。这片楠木群中树龄最大者有500年左右，最粗处约要三人合抱。

楠木群郁郁葱葱，林内石阶凉亭相连，步入其中顿觉曲径通幽。在夏日酷暑之际，这里便是村民纳凉避暑的绝佳去处。楠木群内间植着枫香、榉木等树种，其中有一株巨型榉木树龄达千年，是大寨的保寨树。保寨树作为一种庇佑村寨平安、风调雨顺、五谷丰登、人丁兴旺的精神寄托，是苗族聚落中不可或缺的一个组成部分。

图3.44　树龄500年的楠树最粗处需三人围抱（伊明摄）

图3.45　楠树林中还间植有枫香树等树种（伊明摄）

第四节　人文景观

清江村虽然位于大山深处，但历经苗族先民几百年的开发，境内的人文历史遗存较为丰富。这些无声的文化遗存所展现的历史、地理、交通、文化、民族信仰等共同勾勒出了清江村立体鲜活的历史图景，下面就其中一些具有代表性的人文景观进行介绍。

一、清江晓谕碑

在清江村大寨寨内的左侧主路入口处，有一块饱经沧桑、风化严重、字迹斑驳的石碑。

这块碑立于民国十二年(1923 年)，由时任麻哈县长王品学撰写，主要记叙了 1923 年卡乌大寨（现清江村与卡乌村地界）寨民向省公署申诉，称卡乌世代归属麻哈县，现被八寨县石桥堡强行征税的事情，并要求省公署勘察地界。这块记录民国卡乌地域归属纠纷事件的石碑，所展现的是长达近一个世纪的麻哈（麻江）与八寨（丹寨）对卡乌归属争夺的历史事件。

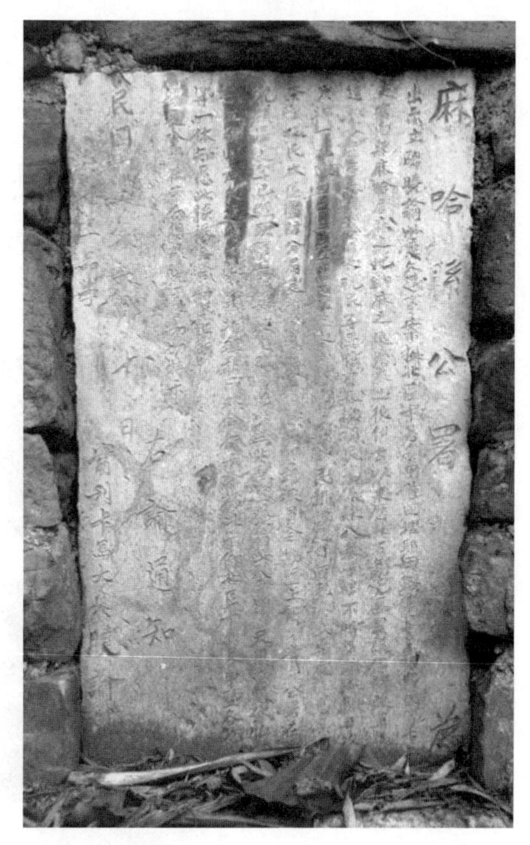

图3.46　大寨的“清江晓谕碑”（黄晓海摄）

民国初年，卡乌归属麻哈县；1920 年，卡乌划归八寨县，也就是碑文中所称的“改革”；1923 年，如碑文中所记载，经过卡乌的申诉，再次回归麻哈县辖区；1932 年，卡乌再次隶属于八寨县南皋镇；1940 年，岩寨（即原卡乌）划入麻江县宣威乡；1962 年，根据村民自决，卡乌（原岩寨）分裂为现卡乌村和清江村，分别归属麻江县和丹寨县并延续至今。

清江晓谕碑是清江村境内现存的唯一一块有文字记载的石碑，作为历史的见证，对于研究清江村的历史具有重要意义。但在无保护状态下，石碑受自然风化、地衣苔藓生物侵蚀和人为损坏而破损严重。我们对比了十年前（2009 年）拍摄的石碑照片，现今的石碑损毁更为严重，碑面整体颜色变得暗沉，令人叹息。

二、议事石

在清江村大寨中心的路边有一块方形巨石，约半人高，名为议事石，是苗族村寨集体议事的实物孑遗。苗族的集体议事是召集村民尤其是苗寨长老共同商讨村寨发展、调节矛盾纠纷等事项的一种形式。议事时，长老与村民便以议事石为中心团坐在一起。这块议事石默默见证了清江村的历史发展进程，如同一位德高望重的老人伫立在村内，伴随着清江村的成长。

图3.47　大寨议事石（伊明摄）

三、田家大院遗址

田家大院位于清江村大寨所在地的后山，是一处历经火灾的建筑遗迹。田家大院是田氏从江西迁移到清江村后建立的家族聚居区，历经人丁繁衍与多次分家，最终在19世纪下半叶毁于火灾。目前，大宅仅剩石板地面、部分柱基，从这些残垣断壁的占地规模、精细程度足见当初田家大院的繁盛豪华，可惜今日只能供人凭吊想象。

图3.48　田家大院遗址（伊明摄）

四、古驿道

大寨与月亮坡两个自然寨的后山均有古驿道存在，这些古驿道四通八达，历史上连通了今日地理意义上的清江与卡乌，在更远的距离上则向北连接凯里的情郎村，向西连接都匀。在 20 世纪 80 年代以前，这条古驿道是进出清江苗寨的交通要道。

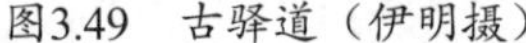

图3.49　古驿道（伊明摄）

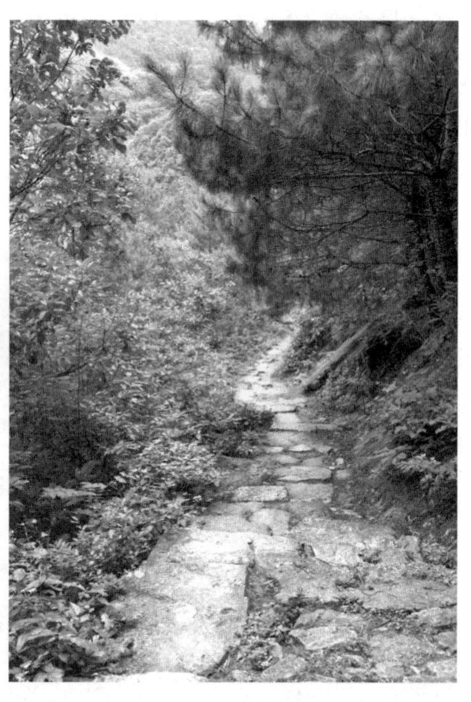

图3.50　古驿道蜿蜒向北通往情郎村（伊明摄）

关于驿道的来历，有这样一段传说：有一位哈将军打了败仗退到清江村一带，经过风水先生的指点，为了破坏对手的风水，遂修建了一系列的驿道网，在客观上也造福了附近的村民，使得清江村同外部的交流大为便捷。20 世纪 80 年代，当地人民政府修了公路，使清江苗寨与外界有了更为便捷的连通道路，这些驿道便渐渐归于寂静。如今的古驿道如同一位看尽繁华的老人独自静静地守候在清水江畔。

五、翻鼓节广场

翻鼓节广场位于南皋河左岸、岩寨入口处。整个广场呈圆形，面积有800平方米左右，主体建筑包括中心的圆形广场、位于广场西北的广场长廊和位于广场东南的木鼓、酒坛模型，以及分别介绍清江苗寨和清江苗寨翻鼓节由来的两块石碑。

图3.51 翻鼓节广场长廊（伊明摄）

圆形的广场用不同颜色的卵石拼出了多层同心圆，并在各同心圆内用黑白卵石组合出五角星、同心卷曲等图案，设计灵感源自贵州出土的铜鼓鼓面纹饰。可以说，整个广场极具民族文化特色。

图3.52　翻鼓节广场地面图案灵感源自苗族铜鼓（伊明摄）

翻鼓节广场建成于2019年年初，是清江村翻鼓节活动的主要场所，每年的翻鼓节都会吸引大量的游客。

图3.53　翻鼓节广场上介绍清江苗寨“翻鼓节”来历的石碑（伊明摄）

长期以来，清江村翻鼓节的跳舞广场位于南皋河边的一块石滩上，但在20世纪70年代被洪水冲垮。从此，清江村的翻鼓节开始在现址举办，现址在当时是村里的芦笙堂和一块农田。经过多年发展，清江村历史悠久的翻鼓节活动逐渐为附近县市所熟知，自2016年开始成为清江村的旅游名片。2018年，在现址上建成翻鼓节广场，新的翻鼓节广场范围更大，可以接纳更多游客观看表演，广场的设计也极具浓厚的苗族文化气息。广场上用乌黑色长条木打造的鼓模型，便是翻鼓节所使用的鼓的样式。

图3.54　翻鼓节广场上的木鼓与酒坛模型（伊明摄）

相传每个苗族支系都会有一只木鼓，在翻鼓节时拿出使用，但在中华人民共和国成立后的“破四旧”运动中，大部分木鼓被毁，仅有几只木鼓被村民偷偷保存下来，其中的一只目前就保存于岩寨。每年盛大的翻鼓节举行之时，清江村民会恭敬地将它“请”到翻鼓节广场。

六、风雨桥

在岩寨与大寨之间的南皋河上有一座风雨桥，这座风雨桥不仅起着交通枢纽、遮风挡雨的作用，同时也是苗族青年谈情说爱的地方。风雨桥由桥面、带有廊檐的长廊和宝塔状的桥顶共同组成，这种建筑风格不同于汉族聚居区的桥梁结构。在每年的一些节庆日，苗族的少男少女就会着盛装来到桥上，挑选中意的伴侣谈情说爱。

图3.55　连接大寨与岩寨的风雨桥（伊明摄）

七、土地神庙

在大寨、岩寨、月亮坡等自然寨的路边，都会看到一些宽近两米、高一米左右的“口”字形建筑。它们或由砖瓦建成，或由石块、石板堆砌而成。这就是当地的土地神庙。

图3.56　大寨的土地庙（伊明摄）

其样式简单，内部并不供奉具象化的土地公形象，而往往以一块岩石或一堆岩石置于庙内中心位置，这与苗族认为石头亦有灵性的思维有关。在祈祷风调雨顺、庄稼丰收时，村民会携带白酒、香烛来此祭拜。

图3.57　一座结构相对简单的石砌土地庙（伊明摄）

第四章　生计方式

第一节　生计与环境

一、清江村的自然环境

清江村位于北纬26.4°，东经107.82°，在贵州省黔东南苗族侗族自治州丹寨县南皋乡的西部，东与凯里情郎村接壤，南与石桥村、窖货村相邻，西与麻江县卡乌村、枫香村交界，北部为情郎山的南端，南部为窑货大岭岗的北端，两山被南皋河切割，切峪露出地表为奥陶系、寒武系地层，有大量古生物化石群。

从清江村的地形来看，其地势北高南低，地势落差较大，有南皋河过境，水源丰富，森林茂密。清江村属亚热带季风温润气候区，具有季风气候明显特点，但光照日少，辐射弱，雨雾日多，降雨时空分布不均，春季回暖不稳定，入秋时有绵雨低温天气。气候分布除具有水平地带性变化外，还具有由低到高的明显垂直差异。境内四季特征是春秋短、冬夏长，春季回暖迟，秋季降温快。四季气候划分，平均气温低于10℃为冬季，高于或等于22℃为夏季，10～22℃为春、秋季。

清江村的春季在3月中旬至6月中旬，持续时间为85～91天；夏季在6月初到9月中旬，持续时间为92～109天；秋季在9月下旬至11月下旬，持续时间为68～72天；冬季在11月末至下年3月中旬，持续时间112～115天。

清江村山地气候特征明显，海拔在670～860米，年平均气温15.2～15.9℃，最高气温34.8～36.1℃，最低气温—7.5～—6.3℃，年正积温5448～

5728℃，10℃初日在3月22至27日，20℃初日在5月29日至6月5日，20℃终日在9月16至23日。无霜期259～267天。年降水量1310.0～1458.6毫米。相对湿度较大，年平均相对湿度为80%。

由于清江村气候特殊，一直遭受各种各样的气象灾害，如干旱。干旱使得境内农田脱水干裂，人畜饮水困难，造成粮食减产的局面。清江村又因地处南皋河汇入清水江的入口处，每到雨季来临，不免遭受水灾的折磨。除此之外，清江村境内还有冰雹出现。据近十几年的气象历史记载，2002年4月7日，清江村遭受冰雹袭击。此次冰雹使得3个镇共13个村遭受严重损失，据统计，“三个乡镇受灾户1089户，受灾人口6778人，成灾人口4066人；农作物受灾面积112公顷，成灾面积73.1公顷，绝收面积22.5公顷，损坏房屋156间，粮食减产109.3吨，直接经济损失47万元。”[①] 其中，以清江村和太平村损失最为严重。

二、清江村的社会环境

清江村民族文化浓厚，极具特色，尤其是在生产习俗文化、居住文化、饮食文化、服饰文化、婚姻文化、丧葬文化、节日文化等方面。在传统社会，清江村的田氏苗族中，男性长者为家长，执掌家庭经济，安排生产；男性成人要从事农业生产、割草砍柴、喂牛耕田及解决家庭生活开销等；女性成人辅助从事农业生产、栽种蔬菜、养蚕、纺纱织布、浆洗缝补、喂猪和料理家务等。

在生产习俗上，较有特色的如每年春节后的起活路与祭土。田氏苗族从正月初一开始禁止动土，因为他们认为田地也和人一样要过年休息。一般在正月十五前后的某个日子，由寨中的“活路头”先起活路，即扛锄挑粪，到田里挖几锄，倒粪壅好，烧香焚纸钱，插上一束打结的芭茅草标。从此各家才可以做犁田、挖土、施肥之类的农活。

---

① 贵州省丹寨县地方志编纂委员会编《丹寨县志（1991—2015）》（上），方志出版社，2016，第78页。

居住方面，20 世纪 80 年代以前的民居主要以干栏式建筑为主，二楼一底，少数一楼一底，均以木板做围壁。房屋构造多为五柱四瓜或七柱六瓜，3 间一幢，中间为堂屋。房屋空间格局一般为：上层堆放粮食和杂物；中层分为堂屋间、火塘间、卧室、外廊，供人饮食起居；底层做灶房，关牲畜、放柴草、安碓磨。在饮食上，当地苗族以大米为主食，辅助品种有玉米、红薯、小米、小麦、大麦、高粱等。

图4.1 清江村的干栏式建筑（清江村村委会提供）

在穿着及服饰上，新中国成立前男女服装多以自制为主；中华人民共和国成立后，男装样式与汉族服装一样，且多从市场选购，女装多以国产布料加工而成。在当地，苗族极为重视妇女服装，衣裙多以红色为底，以数十块大小不一的挑花、织佛等布缝制而成，工艺精湛。此外，其佩戴的银饰也极具特点，这是苗族在长期的生产生活中形成的一种极具民族特色的装饰品。

图4.2　清江村苗族妇女服饰（黄晓海摄）

当地人的丧葬形式主要为土葬。坟墓呈鼻形，墓前立碑，以供清明上坟祭扫。死者因年龄、死因有别，葬礼简繁各异。节日集会有古壁翁芦笙节、粽粑节、春节、祭桥等，有跳芦笙舞、对歌游方、斗牛赛马、斗鸟、舞狮、球类和棋类等文体活动。这些活动形成的文化空间对清江村传统的生计有着重要影响。

节日有一月动土开财节、一月祭雷节、二月翻鼓节、二月二龙抬头、三月三祭保寨树、三月拉龙节、四月八、五月五端午节、五月十五大端午、六月六、七月祭桥节、七月十三吃新节、七月爬坡节、八月十五偷瓜节、九月重阳节、九月祭鼓节、十月祭尤节、十一月至十二月苗年节等节日，其中清江翻鼓节于 2007 年入选贵州省非物质文化遗产保护名录。翻鼓节和吃新节为祭祖的传统节日，活动的主要内容为斗牛。每年翻鼓节，除了增添新的活动内容外，还保留着古雅的木鼓舞，周围村寨的青年男女聚于一堂，欢歌乐舞，热闹非凡。

清江村的乡风民俗主要有保家坛。姑娘出嫁后，回婆家不能煮饭、拿瓢饮水、添饭，由婆家招待；苗家男女来客不能同床睡；已婚妇女必须挽妇女头；老人过世，夫妻一月不同床，三年不吃狗肉、无鳞鱼类等动物。

三、环境与生计

“生计类似于谋生，生计方式类似于民间的‘过日子’，其实质是指维持生存的手段”。[①] 正所谓“一方水土养一方人”，在这块大地上世代生存的田氏苗族，生活深受当地环境之影响，他们的生计方式也因此打上了当地环境的印记。

受清江村山水相间环境的影响，当地村民只得在河流两旁呈弓形的田里种植水稻。斜坡处的田微微倾斜，被称为梯田；而山腰直至山脚的田比较完整且平坦，远处望去似绸带，故称之为带田。水田随地势高低错落，形成独特的梯田景观。村子里的田分布零散，村民房屋随田而聚。此外清江村森林繁茂，村民便将枯木砍来烧火，也在山林之中放牧牛羊。正如民国《八寨县志稿》记载：“县多山，全境山居十八九，三五两区尤甚，二四两区（注：当时清江村属于丹寨保甲第四区）边隅亦如之，两山之间小溪通焉，两旁数弓地亦可拓田，坡陀斜下则为梯田，横旦山腰下至山麓则为带田，零星参伍。土石错列，开土为田者名曰口蟆老鼠。然溪水不断性寒而禾不甚朴茂，环境无大坝以其由旁错杂故也，即有之阡陌连绵者不过一二里，余则畸零散布，村落随田而聚，大概城之附郭，乡土颇有天然森林，附近居民不特不加培养且不时斩伐野火从而烧，牛羊从而牧则易，芃芃而濯濯，此虞衡职缺之故也。”[②]

---

① 熊正贤：《农民生计转型与土地意识嬗变：来自贵州穿青人地区的调查》，《中南民族大学学报》（人文社会科学版）2018 年第 2 期。

② 民国《八寨县志稿》卷十七《农桑》，收入《中国地方志集成·贵州府县志辑》第 19 册，巴蜀书社，2016，第 192 页。

图4.3　清江村的梯田（清江村村委会提供）

清江村村民为了保证庄稼丰收，尤其注重对气候的把握。充满智慧的田氏苗族在数百年的生产生活中总结出了许多经验，如在什么时节做什么有益于农作物的生长，尽管有些禁忌并无科学道理可言，但清江村的村民仍然坚信不疑。他们笃信，只要坚守那些世世代代流传下来的规矩就能保障他们来年的生计，过上富足的生活。如“农家四时有忌有宜，反之则农事不利。甲子忌雨，丙寅忌晴，甲申忌雨，己卯忌风，正月日宜阴，七日宜晴，八日宜明，甲子宜雨。”[①]此外，他们基于对清江村气候的把握，总结出了水稻的最佳种植时节，“亦有清明节播种者，但气候尚寒，若遇连日雨，种必坏。若俟桐子花开时播之，亦无坏秧之患。”[②]而关于水稻种植的方法，充满智慧的农民们也有一套自己的方法，如：“以其气宣地必向阳，以其水温泥必浅脚，以其土不寒。秧田

① 民国《八寨县志稿》卷十七《农桑》，收入《中国地方志集成·贵州府县志辑》第19册，巴蜀书社，2016，第193页。

② 民国《八寨县志稿》卷十七《农桑》，收入《中国地方志集成·贵州府县志辑》第19册，巴蜀书社，2016，第194页。

先融以水壮之，以粪或以油菜花散之田然后醒以犁，揉以耙，如是者三，又以大粪沃之。以豆青覆之，以淤泥埒之，俟水澄清乃□乃下种，秧必善。故□治秧者收强，谨胎□者子良。”①

清江村稻田肥沃或贫瘠的程度不一，针对不同的土地，村民们的种植也很有讲究。“栽沃田行宜稀，瘠田宜密。”在栽种稻秧时也有严格的规定，“栽忌屈头，屈必死。忌立身，立必浮起。忌日烈水浅，主炮腰易断。”②

相对湿度较大是清江村的又一大特点，这样的气候条件不利于粮食的储存，但这对勤劳、智慧的劳动人民来说并不是很难解决的问题。在储存粮食时，他们有自己独特的方法：

> 藏之道有五仓也、草棚也、竹苞也、瓦盎也、火焙也。五者各有所宜。稻既收以簸以扬以概以量以入仓，仓中必间空竹数筒，令泄气通风，谷必干，不干则霉，米无筋丝。若不干时，田晴必曝之，有二分湿亦可储，春必干。试尝之绽牙，量岁用有余，余者毋枷构四柱，平承其上底以笆秷积，而总此外茎而内穗下小而上大而圆，必尖上以草盖，通风泄湿，可藏五十年。枷之粟杆皆如新。若粟有余，藏储于中央可免鼠耗亦不防盗架必丰大地必明燥。藏包谷以横竿□谷为系排挂之，鳞鳞次次，努目视地，令风日渗其湿气。③

从水稻的种植时间、稻田的分布、村落的聚集及粮食的储存可知，清江村环境对当地村民生活的影响无处不在。

---

① 民国《八寨县志稿》卷十七《农桑》，收入《中国地方志集成·贵州府县志辑》第19册，巴蜀书社，2016，第195页。

② 民国《今日之贵州》，收入《中国地方志集成·贵州府县志辑》第11册，巴蜀书社，2016，第444页。

③ 民国《八寨县志稿》卷十七《农桑》，收入《中国地方志集成·贵州府县志辑》第19册，巴蜀书社，2016，第194—195页。

第二节　田土及分布

清江村坐落在中国西南部的重山之中，地势不平，山岭纵横，这样特殊的地势造就了田地分布不均的格局。清江村的田地面积和林地面积相对于南皋乡附近的主要村落都较少，具体情况参见表4.1。

表4.1　清江村、石桥村、九门村林地面积统计表[①]

单位：公顷

村名	林地面积		主要树种
	总面积	公益林面积	
清江村	277.45	24.25	马尾松
石桥村	509.30	30.24	马尾松
九门村	999.04	34.05	马尾松

由上表可知，与石桥村、九门村相比，清江村林地总面积排最末，公益林面积也最少。

通过梳理清江村的土地情况，大致可以看出有以下特点：

第一，清江村的土地分布不集中。这一点我们可以从清江村的田地名称来看，清江村的田地名称分别有：康给、狗脚冲、寨子西边、大山、大冲脚、蒋翁、望旧、罗以冲、干望有、望旧鬼塘、高库、干例、高同机、石桥道班后、康绘、寨上、对门河、干条、柒树弯、里义、老猫友、大冲头、罗野冲、寨上、高翁、土树弯、羊土、高同基、九虎、鬼塘、高寨脚、大登高、牛滚挡、排贤、学校当头、寨上园、干到刊、山坡脑、长冲、老鹰坡、月亮坡、排松、把干毛、康你、碗厂、坝果、干望友、对门坡、高里坐、干智翁、送养坡、八门陡、干望窝、杀狗冲、干生优、排调、丢等、对门沟、寨脚、对

① 资料来源：根据2018年丹寨县南皋乡政府统计数据整理。

门小寨、干丢剃、牛交寨、扬生、降翁、小洞口、干骂翁、公英壹、红巴泥、干丢窝你欧、八松、障松、下罗以冲、九虎、里翁鱼、滑石板、保不、高乌、里五、照大、坝行、三碗扭、拉乌、拉五牛、养正沟果国地、高九沟果、高里巴、康翁修、干友、遍脑、里山、里郎、巴哥。这些地名名称达92个之多。

清江村田地名称的来源主要有：（1）苗语音译；（2）地理位置；（3）当地名称；（4）家族姓氏。清江村田地主要分布在清江村五个自然寨附近，有些零散分布在清江村与其他村的交界处，还有不少“插花地”，如第五组新村的田地分布。随着清江村人口的增长，清江村可分配的土地面积也越来越少，田氏苗族人均耕地面积仅为0.07公顷。据清江村前任村主任田兴智讲述：“关于田地的分配，每个人0.02公顷，分到的土地只够粮食自给。田地除了按人头分，还有按坨（块）来分的。林地是按人来分，每人0.07公顷，村里有足够的林地用来分配，从这个大坡到那边全都是。在山上种什么都是要受管束的，现在都有护林员守在上面。护林员由政府指派，共4人。林地上主要种有松树、桑树和青冈树，最多的是松树，然后是桑树。”

第二，清江村的田土具有碎片化的特点。具体参见表4.2。

表4.2　2018年清江村各户土地面积统计表（局部）①

单位：公顷

地块名称	农户	土地面积	地块名称	农户	土地面积
坳干街	田X光	0.094	坳干街	田X光	0.094
坳干街	田X杨	0.118	坳干街	田X杨	0.118
八当沟	田X贵	0.011	八当沟	田X贵	0.011
八拉修	田X义	0.172	八拉修	田X义	0.172
八门陡2块	田X中	0.032	八门陡2块	田X中	0.032
八松	田X军	0.020	八松	田X军	0.040

① 资料来源：根据清江村村委会提供资料统计整理。

续表

地块名称	农户	土地面积	地块名称	农户	土地面积
八松	田X高	0.023	八松	田X高	0.023
八松	田X高	0.007	八松	田X高	0.007
八松	田X林	0.037	八松	田X林	0.037
八松	田X林	0.029	八松	田X林	0.029
大登高	余X周	0.107	大登高	余X周	0.107

通过上表可以看出，清江村村民的田土面积较小，大多数面积都在 0.06 公顷以内，超过 0.06 公顷的田土非常少见。

第三，清江村田土呈现分布零散的特点。几乎每个家庭的田地都分布在不同的地方，且相隔较远。居住在月亮坡的村民有 35 户，但月亮坡却有 84 户的土地，这是因为还有一部分四组以外的村民的土地也位于月亮坡。同样地，我们可以看到居住在月亮坡的村民也有田地在别处。（见附录 4）

第四，清江村田土还呈现出分配不均的特点。有的村民拥有田土 30 多处，而少的仅有几块地；个人的田土面积相差也很大。（见附录 5）这一情况的出现，有其特殊的历史原因。因苗族没有文字记载的习惯，清江村的土地一直以世代承袭耕种的方法流传。如前文所提及的穿洞前的那块土地，因一直是田 X 林一家世代流传耕种的，所以被证明是属于清江村的。清江村自 1952 年全国土地改革以来，已经几十年没有再对土地进行分配了。

第三节 传统生计

贵州经济向来较为落后，其以农业为主的传统生计方式也相当落后。“黔省地居边远案号山国，交通梗阻，生产落后，在入清前，大部土司世袭，地等私有，居民汉苗杂处，知识低下，多在钳制压榨下过其酸苦生活，亦少显著之进步，迨入民国，军阀割据，循环不已，殆甚于其他各省。”①

从地理坐标来看，清江村地处南皋河与清水江的交汇处，河面宽 25 米。境内山峦丛峰，地峪崎岖，为低山地貌区，驻地海拔 680 米。1 月均温 5.6℃，7 月均温 24.1℃，年均温 15.9℃，无霜期 267 天，年降水量 1300 毫米，境内土壤为黄壤、水稻土、黑色石灰土，耕地面积 574 亩，其中田 391 亩，土 183 亩。主要种植水稻、玉米、小麦、黄豆、小米、红薯等，②产油菜籽、烤烟叶，以及杨梅、李果、梨果、樱桃等。通过对地理环境和农业种植情况的陈述可以看出，当地苗族生计主要依托自然地理环境。

在清江村，田氏苗族多以种植水稻为生，“贵州人民，多以米为主要食品，故农民莫不种稻，稻之品种，多为水稻，陆稻种者绝鲜。”③但水稻种植深受贵州特殊的自然环境制约。“贵州农田，多在山涧中，成梯形式，殊不宜于新法经营，且因垦山成地，垦地成田者多，沙石确□，土壤瘠薄，天然生产力，较沿江湖之处为逊，水利虽有乌江榕江清江河济水等河流，而行径峻岭岩薄间，湍急激越，少停蓄势，可借以收灌溉之利者甚鲜，故数日不雨，即苦干旱；惟雨泽特多，秋冬之间，尤见细雨连绵，春夏亦鲜有晴至旬日以上者，俗称天无三日晴，亦其气候之特殊处，足济水利之穷，弄产品如米麦高粱，玉蜀黍，粟，大豆，烟草，各种蔬、果均有。”④地处贵州丹寨境内的清江村也有此困扰，“八县僻处东南万山岩错，地高水寒，农务相地而施，因时而事，且人民性耐劳苦，丰年或可足兼年之给，若遇旱潦庚葵堪虞此，实风气不开，交通不便，

① 民国《今日之贵州》，收入《中国地方志集成·贵州府县志辑》第 11 册，巴蜀书社，2016，第 444 页。

② 丹寨县人民政府编《贵州省丹寨县地名志》（内部资料），1988，第 182 页。

③ 民国《今日之贵州》，收入《中国地方志集成·贵州府县志辑》第 11 册，巴蜀书社，2016，第 449 页。

④ 民国《今日之贵州》，收入《中国地方志集成·贵州府县志辑》第 11 册，巴蜀书社，2016，第 444 页。

限于农具不良，弥灾无术。”[①] 时至今日，种植水稻仍然是清江村人民维持生计的主要手段。随着人口的增长，“民以食为天”“以粮为本”的农本思想和观念不断强化。如今，清江村地区随处可见山涧平坎阡陌相连、高山深谷植被繁茂的景象，这正是苗族人世代致力农耕、开垦良田、兴修水利的结果。

图4.4　清江村稻田航拍图（清江村村委会提供）

① 民国《八寨县志稿》卷十七《农桑》，收入《中国地方志集成·贵州府县志辑》第19册，巴蜀书社，2016，第192页。

在种植水稻的同时，人们还会在稻田里放入鱼苗，待到收稻的时候，鱼苗就长成了可供食用的大鱼，这样养殖的鱼被称为稻田鱼。田氏苗族自古就有在水田里放养稻田鱼的习惯，为了增加农业产量，充分利用水田，人们会在每年的 3 ～ 5 月放下鱼苗，让鱼和水稻一起成长。之所以采取这样的养殖方式，原因有四：其一，鱼能吃掉水田里的水草和杂质；其二，鱼的粪便可以作为水稻成长的养料；其三，水稻能为鱼提供掩护，避免食鱼生物的危害；其四，水稻能为鱼提供养料。苗族养鱼的方法很简单，就是将鱼放入水田后，让其自然生长，在节日或干旱时节，才对其进行干预，将其从水田捉出食用或者将其重新放于有水的田里。

清江村农民在常年的实践中积累了一套鱼苗繁殖技术，其做法是：

> 1. 选好种鱼。大田收鱼时按 3∶1 的比例选好雌雄种鱼，雌鱼选择性情温驯、体长适中的三龄鱼，雄鱼选择二三指宽的二龄鱼，这样其蛋粒饱满，受精率高，鱼苗成活率高。2. 做好种鱼放养。雌雄种鱼冬合养春分养，以防开春后因水温上高而发生交配野产。种鱼饲养期内投足养料，冬季一般每 100 千克鱼投放 200 ～ 300 千克牛粪，孵化期投放人粪、羊粪或猪干粪面 300 ～ 400 千克及精料 100 ～ 200 千克。3. 掌握交配孵卵。清明节后至 6 月，是种鱼分期、分批交配产卵的时期，选择背风向阳、田泥稍硬的田块，犁耙好后，清除杂草，排掉浑水，重灌清水深 20 厘米，即可放鱼合床。放种鱼时先雌后雄，夜晚放入龙须草，第二天即产卵附于龙须草，第三天便可放入养鱼田。[①]

在稻田中放养鱼的同时又放养家鸭，让它们在同一环境（水田）中生长并相互依存、相互制约，农民则在三者间发挥调控作用。稻、鱼、鸭在水田中共生这一多产业复合经营的和谐传统生计方式，是苗族传承了数百年的多项目复

① 贵州省丹寨县地方志编撰委员会编《丹寨县志》，方志出版社，1992，第 624 页。

合谋生艺术。在一个个相对独立而又狭窄的生存空间，苗族用这一生计方式既实现了耕地产出的最大化，又最大限度地保护了森林和坡地草场，同时还提高了水稻抗御病害的能力。

民国以前，清江村的农业产业属于传统的自然经济，向来保持着自给自足的淳朴习性。“苗民……勤俭耐苦，却过汉人；且其习俗，自耕自衣，自织自食，除食盐外，一切皆其自出，毋须仰给他人。”[①]在种植水稻的同时，田氏苗族还将一些水源不充足的火烧地用于种植旱地作物，旱地作物主要有玉米、小麦、小米、红薯、黄豆等。据民国《今日之贵州》记载：“（贵州）全省耕地，旱田多于水田，而旱田所种作物，复迫于灌溉水吸引困难之故，农民不能不选择耐旱作物种植，以求生产之安定。是以全省各县农民，殆无不种玉蜀黍者，因而玉蜀黍之种植面积，平均共达二百九十二万七千亩。”[②]玉米也是田氏苗族的重要粮食作物。玉米产量高，管理方便，除了供人食用外，还可作牲畜的精饲料以及烤酒的原料。种植玉米的土地一般选在缺少水源的缓坡。

棉花种植是清江村苗族又一生计方式，田仕说，祖先与当地人以兄弟相称，歃血为盟，就此在清江村定居。最初人口稀少，鼓励生育开荒。每生育一个孩子，就需要开荒一块田地，还要种植棉花。田仕的说法也符合历史事实。据《八寨县志稿》记载：“棉补蚕丝之不及，较之蚕丝尤普通焉。八邑民风多安于棉而异于帛，以其帛难得而棉易致也，惟地性寒，蚕桑难培且价高棉数倍，棉故本土不丰，丰于邻近之三合且毗连三合之近地亦产也，村中苗妇每年及时负来至三合属之屯堡地耕种获，则照法轧而纺而缎而成衣，谓之土纱布，即不甚细而温暖，远过于洋纱且经久用，人民服之无改。”[③]在清江村，种

---

① 民国《今日之贵州》，收入《中国地方志集成·贵州府县志辑》第 11 册，巴蜀书社，2016，第 445 页。

② 民国《今日之贵州》，收入《中国地方志集成·贵州府县志辑》第 11 册，巴蜀书社，2016，第 450 页。

③ 民国《八寨县志稿》卷十七《农桑》，收入《中国地方志集成·贵州府县志辑》第 19 册，巴蜀书社，2016，第 196 页。

棉是一件很隆重的事。种棉时，人们必须穿得整整齐齐，少女少妇们则往往佩戴银饰。先在挖好的棉地里立一块石头（象征棉神婆），再在四周拴上挂着螺蛳壳、鸡蛋壳和各色布条、山花和打结的芭茅草标，最后摆上鸡蛋、鱼、虾、酒、饭。大家或坐或蹲，一人头戴斗笠，先在石头旁种上3窝（棉苗），祭祀棉神婆后喊："起来！"意为请棉苗齐出土，众人才站起来动手种棉。村民们认为这样做了，棉苗会长得像小树和山花那样茂盛，棉桃会像螺蛳壳那样大，棉花会像鸡蛋壳那样白。

在2004年以前，清江村还有农民种植少量的烤烟，由于受土壤、气候、地理环境、市场等因素的影响，烤烟的种植面积至今都没有得到发展。

此外，饲养牲口也是田氏苗族维持生计的手段之一。养牛、养猪、养鸡或狩猎等是人们获得肉食资源的方式，但因各种原因人们获得的肉食资源非常有限。牛是稻作农业中不可缺少的生产资料，所以一般是不宰杀的，除非有重大的祭祀活动。尽管每家每户都养一两头猪或十来只鸡，但粮食紧缺，还不够人吃，因此很少用粮食来饲养，大多用野菜来喂养。于是，上山割野菜成了人们日常劳动的重要内容。如此一来，猪和鸡的生长周期就很长，人们只有在重大节日以及年底的时候才杀。

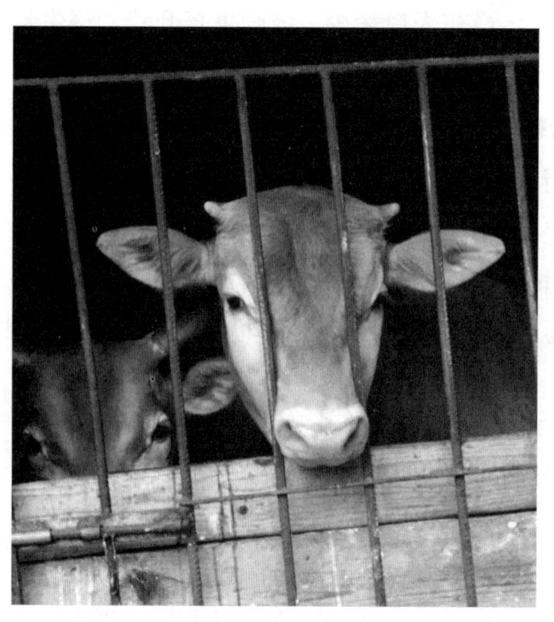

图4.5　村民家中养的小牛（乔宏瑞摄）

牛是传统社会时期清江村主要的生产工具，水稻种植就是依靠牛和人来进行的。田氏苗族喜养牛，因为养殖成本较低。养牛习俗也和自然地理条件密切关联：一是清江村草山、草地多，田埂草、林间草丰富，适宜养牛；二是耕田犁地、积制肥料都需养牛；三是苗族人民素有喂养“老牛”和宰牛祭祀的习俗。传统社会里，一般每家都会修建一个大小10平方米左右的牛圈。牛的饲养多以放牧为主，少数放牧不便的山区则常年关养，饲料以青草为主，冬季则以稻草为主，或采五节芒草补饲，或以少量米糠、红薯补喂，雪凝天还喂热水。放养主要在3～9月，这个时间段内，草生长得好，能为牛提供较多的养料。为了防止牛吃到农作物，人们会看着牛，中午12点左右将牛放于山上，下午5点左右将其赶回圈内。圈养是在9月到第二年的2月，这是草枯萎的时间，人们会将牛放于圈内，并以稻谷渣、玉米叶等喂养。农忙时，人们也会将牛放于圈内，割草喂养。人们一般会喂养1～2头牛，除去耕牛，多的则会卖出以获得现金。

通过以上介绍，我们大致可以梳理清江村苗族的传统生计方式：通过种植水稻、玉米解决吃饭问题，通过种植棉花解决穿衣问题，通过饲养牲口来辅助农耕和补充肉食。总的来说，田氏苗族的生活在很大程度上依赖于其所处的自然环境与社会环境。正如马克思所说：“人们自己创造自己的历史，但是他们并不是随心所欲地创造，并不是在他们选定的条件下创造，而是在直接碰到的、既定的、从过去继承下来的条件下创造。”[①] 任何一个民族在创造自己历史的过程中，都会有效地利用其所处的生存环境，模塑自己特有的生计方式。而每一种凝集着特定的民族生存环境和民族生存智慧的生计方式，不仅会对民族的生存繁衍、发展产生重大影响，也会深刻作用于民族精神、社会文化。

苗族是一个山地民族，居住在山地、丘陵地带。这样的生存环境决定了其满足民族生存和发展的难度较之于中原大地、江南水乡等区域更大。苗族先民尊重自然、不畏艰辛，充分利用自然的赐予，辟土造田、选育品种、林粮兼营，获得了粮食的基本供给，克服了自然灾害、社会动乱、战争等问题，形成了相应的饮食文化和风俗习惯。也正因为如此，苗族才得以聚居于稳定的区域之内，人口也不断增长。

---

① 金天麟：《群众文化民俗学研究》，黑龙江人民出版社，2004，第65页。

第四节　生计转型

随着时代的发展，清江村的传统生计方式也在悄然改变。随着科技的进步、基础设施的完善、交通的便利、国家惠农政策的实行，人们对物质生活的追求越来越多元化，一些新的生计方式也悄然兴起，并逐渐成为主流。

一般来说，农民生计方式变迁的原因主要有两个：一是城镇化的推动。快速发展的城镇化和工业化，从空间上逐渐模糊了城乡的边界，形成了城乡接合部，使得城乡居民的交流互动变得更为频繁，并改变了农民的生计观念；城镇化建设过程带动了劳务、交通、住宿、餐饮、建材等行业的发展，而就业的主力是农民。此外，城镇的资金、技术等生产要素瞄准农村的特色种植养殖、旅游开发等领域，不断吸收社会各界的生产要素资源，使得农村生计环境发生改变。二是乡村要素裂变产生的拉动。随着国民收入的大幅提高，城镇居民的休闲、旅游、度假等需求不断增加，而农村清新的空气、无公害的蔬菜、美丽的自然风光正好满足了其对食品安全、养生养老的需求，并催生了农村特色种植养殖、乡村旅游、商贸物流等行业，加快了农民由传统生计向现代生计转型的进程。在这股潮流之下，清江村的生计也出现了转型，主要体现在养殖业、种植业、外出务工和旅游业等方面。

一、养殖业的转型

清江村传统的养殖业大多以一家一户为单位，其养殖的目的也只是供自己食用。但近年来，一些以盈利为目的的养殖专业户开始出现，甚至出现养殖场这样比较大型的专业养殖基地。

首先是出现专业的蛋鸡养殖。2018 年 1 月 21 日，清江村召开村民代表大会对 2018 年扶贫项目进行研究讨论，决定发展蛋鸡养殖，用产业扶贫资金 24.1 万元与太平村合作，整合清江村的村级产业扶贫专业合作社与太平村的丹寨县南皋乡凯燕产业扶贫专业合作社，共同发展蛋鸡养殖项目。按照“合作社

+基地+贫困户（农户）”的发展模式，合作社当年所获收益扣除当年成本后进行利润分配，当年无利润则不进行分配。两个合作社按照“73”机制进行利益分配（即70%为太平合作社，30%为清江合作社），财政扶贫资金合作收益的70%用于建档立卡户红利分配，20%作为村级合作社收入，10%作为村级发展基金和公积公益金。

图4.6 清江村入股太平凯燕合作社养殖的蛋鸡（清江村村委会提供）

其次是乌骨鸡的专业养殖基地。2018年6月，清江村利用当地荒地多、河滩多的特点，结合现有技术经验开展乌骨鸡规模养殖，在实现养殖产业优质、高效、可持续发展的同时，辐射带动本村贫困农户增加收入，从而达到脱贫致富的目的。该项目建设由清江村村委会牵头，以村扶贫产业合作社为乌骨鸡养殖项目的建设主体，按照“公司+合作社+农户（贫困户）”建设模式，以“谁入股谁受益、谁管理谁受益、多劳多得”的原则进行。同时，申请20万元财政扶贫资金资助清江村建档立卡贫困户入股清江村馨香蔬果扶贫产业专业合作社，并由其负责乌骨鸡养殖项目及后续经营管理活动。扶贫资金入股合作发展的项目年度经营总收入扣除土地租金、饲料等物质费用，养殖管护人工工资，产品销售费用，固定资产折旧费及必要的管理费用和税费后，剩余部分即经营利润。依据经营状况预留不超过30%的发展基金和公积公益金后，70%以上用于红利分配，贫困户按照扶贫资金量化入股的资金获得股金分红。

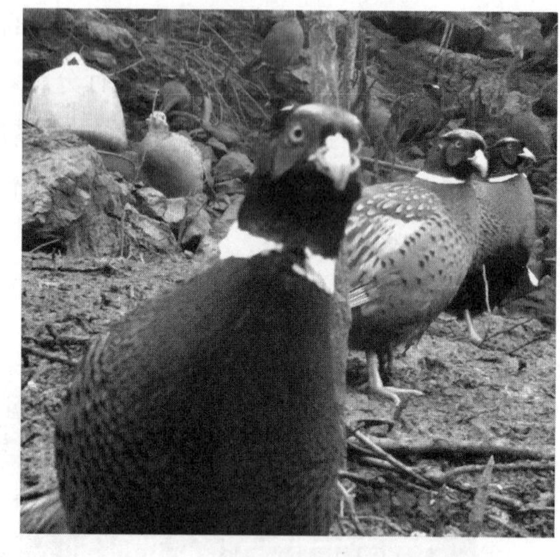

图4.7　清江村养殖的雉鸡（清江村村委会提供）

二、种植业的转型

清江村种植业的转型有一个曲折的过程，在民国时期，油菜曾超过棉花成为清江村第二大经济作物，一度受到民众的欢迎。但此后，受市场的影响，油菜的种植面积逐渐减少，取而代之的是更多新的经济作物。据民国《今日之贵州》记载："全省菜子（籽）……因植物油涨价，故农民种植花生及菜子（籽）者，日以加多。"[①] 油菜也是清江村重要的经济作物，在中华人民共和国成立前大多被作为绿肥来种植。中华人民共和国成立后，作为主要油料作物来种植，面积和产量均有很大的增长。

烤烟也属于清江村又一新兴的经济作物。清江村何时开始种植烤烟已无法考证，但据记载，在民国三十三年（1944 年），丹寨县的龙泉镇开始试种烤烟。在国家相关政策的扶持下，时至今日，还有部分清江村的村民

① 民国《今日之贵州》，收入《中国地方志集成·贵州府县志辑》第 11 册，巴蜀书社，2016，第 451 页。

在种植烤烟。

近年来，种植业又有了新的发展，如钩藤、辣椒和精品水果的种植。

图4.8　清江村的钩藤项目（清江村村委会提供）

钩藤作为一种中药材，在2016年被引进清江村。钩藤别名钩丁、吊藤、鹰爪风、倒挂刺等，是茜草科钩藤属常绿藤本植物，攀缘状灌木，茎枝方柱形，纤细无毛，叶纸质呈椭圆形，头状花序。钩藤的茎枝可入药，具有清热平肝、息风定惊功效，现代药理实验还证明钩藤有降压作用，具有很高的药用价值。钩藤适应性强，对土壤要求不高，在一般土壤中能正常生长，喜温暖、湿润、光照充足的环境，在土层深厚、肥沃、疏松、排水良好的土壤中生长良好，常生长于海拔800米以下的山坡、山谷、溪边、丘陵地带的疏生杂木林间或林缘向阳处，而清江村的自然环境完全符合钩藤对生长环境的要求。2016年12月31日，清江村召开村民代表大会对2017年扶贫项目进行研究讨论，决定在本村开展钩藤种植项目，利用扶贫资金帮扶全村136户贫困户入股村级产业扶贫专业合作社，按照“公司＋合作社＋基地＋贫困户（农户）”的模式发展钩藤种植项目。当年利润按照入股资金股份比例进行分配，分为两部分：一部分是农户自筹入股资金的股份分红所得，即农户自筹资金收益；一部分是财政扶贫资金股份分红所得，即财政扶贫资金分红收益，财政扶贫资金合作收益的70%用于建档立卡户红利分配，20%作为村级合作社收入，10%作为村级发展基金和公积公益金。

图4.9　清江村的钩藤（清江村村委会提供）

脆红李产自高山地区，色质艳丽、个大肉厚、肉质爽脆、酸甜可口、气味芳香，有养颜美容、润滑肌肤的作用。脆红李对气候的适应性强，只要土壤土层较深，有一定的肥力，不论何种土质都可以栽种。2018年3月19日，清江村同步小康组、村“两委”召集贫困群众在清江村村委会会议室召开清江村村民产业大会，通过会议讨论，村“两委”计划申报种植脆红李6.66公顷，并将脆红李种植发展成为清江村的一项重要产业。

此外，辣椒是贵州人餐桌上从不缺少的调料之一，贵州人对辣椒的热爱是清江村大力发展种植辣椒的动力之一。2018年，清江村辣椒种植面积达5公顷，是清江村新兴生计方式之一。

图4.10　清江村蔬菜种植全景（清江村村委会提供）

图4.11　清江村蔬菜种植一角（清江村村委会提供）

三、外出务工

在国家“扶贫攻坚”战略的指导下，清江村把提高村民生活水平作为奋斗的目标，其中外出务工是非常重要的一种改善村民生活水平的方式。据统计，清江村总人口数1430人，其中劳动力人口551人，而外出务工的人数有328

人，占劳动力人口的59.53%。外出务工改变了一些村民的家庭生活，改变了当地的社会结构与一些传统经济观念，也改变了当地的整体经济水平。为了让村民更好地外出务工，清江村村委会一方面对外出务工人员进行培训，村民也积极参加种植养殖、烹饪等技能培训；另一方面通过一些外省就业平台提供外出务工的岗位，不断增加外出务工的经济收入。

清江村田氏苗族获取就业信息的方式分别有人才市场、网站、报纸、亲戚和朋友介绍、村里人介绍等。我们通过采访发现，朋友介绍所占的比例最大，亲戚次之，再次是村子里的熟人，其余所占的比例都较小。生活在差序格局内的个体，清江村的人们在选择生计时的行为，也足以证明了“乡土”力量对于他们的影响。选择亲戚是因为家族或血缘的关系，选择朋友则是因为业缘，选择村里人很大一部分是受地缘的影响。在人才市场及网站等方面的关注度低，一定程度上表明了当地教育文化水平偏低的现状。事实上，在年龄相对较小的务工人员中，对于网络及人才市场的关注度有所提升。不同年龄段的人们对于就业途径选择的偏好也不同，年纪较长的主要是依靠地域和血缘关系，而年纪较轻的，除了与前者表现出一些共性以外，还善于利用人才市场和网站、报纸等现代化的方式，这也在一定程度上说明了人们的谋生方式有所变化。

清江村村民外出务工所从事的职业有建筑工人、工厂员工、各行业服务员、技术员等。其中，在30岁及以下的人员中，从事服务员工作的最多，其次是工厂员工；建筑工人是当地外出务工人员从事最多的职业，其年龄主要分布于30～49岁。这样的职业分布情况也可以表明，当地外出务工人员的生活艰苦，工作强度大且以体力劳动为主。而从村民对外出务工的情感色彩来看，当地村民普遍认为，能提高生活水平的生计方式就是外出务工，工作的艰辛度不是他们最为关心的。

四、旅游产业的发展

自然风光优美是清江村的先天优势，要充分挖掘和发挥这一优势。近年来，清江村大力实施农村“清洁风暴行动”，完善保洁员队伍，组织村干部、村民持续清扫村寨，革除卫生陋习，进一步扭转了垃圾围村、垃圾围河的现象。同时，大力实施农村人居环境整治等项目，全面解决群众住房漏风、漏雨、面积过窄等突出问题，建成跳鼓场一个、风雨桥一座、观景台一个、停车场一个和硬化人行步道若干，进一步改善了农村人居环境。清江村还因此获得了“2017年度黔东南州农村清洁风暴行动示范村寨”的荣誉称号。

图4.12 清江村获“2017年度黔东南州农村清洁风暴行动示范村寨”荣誉称号（严梅梅摄）

今天的清江村，清澈的南皋河水、错落有致的传统民居与苍翠的古树相映成趣。清江村的一些传统习俗也被开发利用，带动了当地的旅游业发展。尤其是在2019年清江村被列入第五批中国传统村落名录后，清江村的旅游发展迎来了新的机遇，而带动当地旅游发展的主要动力莫过于一年一度的翻鼓节活动。

清江村翻鼓节是当地苗族村民迎接春耕到来的民俗节日，每年农历二月举行。现在，翻鼓节已经是清江村旅游发展的项目之一。苗族翻鼓节在丹寨苗族地区有重要影响，其主要价值有以下四点：

1. 民俗研究价值。苗族翻鼓节跳的是木鼓，跳木鼓的来源，据流传在黔东南地区及丹寨县内的苗族古歌记述："人类的始祖曾在'耶岛别兴'造成九尺多长、七抱粗的鼓。因鼓又长又大，跳鼓人的衣裙常被勾挂撕破，后来才将鼓锯短成九截，分给 9 个人，每人分得一尺多长；分好后，其他人在划船过河途中漂失了，只有苗族仍然保留；分鼓时，汉人忙去做生意，来迟了，只分得榫头制成的腰鼓。"[①] 所以，现在苗族的木鼓有一尺多长，汉族的腰鼓才有一寸多长。

2. 加强交往，促进民族之间的交流。苗族翻鼓节吸引了来自四面八方的人，尽管他们民族不同、身份不同、职业不同，但都走到一起来共同欢度节日、交流感情，构建人与人、人与自然和谐发展的社会。

3. 展示民族服饰的盛会。丹寨县苗族由于支系迁徙、居住地域等因素的影响，其妇女服饰类型竟有 8 种之多，风格各异、同放异彩。翻鼓节当天，大家穿上不同的服装，从四面八方聚集在一起，形成了一个大型的多姿多彩的民族盛装展示会。

4. 为男女青年提供社交机会。当地流传有"美丽的姑娘在笙堂，漂亮的小伙在鼓场"的说法，翻鼓节当天，男女青年会汇集在一起，相互认识，唱情歌、谈恋爱，最终结成伴侣。这个节日为民族地区的年轻人实现男女平等、婚恋自由提供了机会。

翻鼓节意在传承民族文化、弘扬民族精神，让更多游客乐意在苗寨体验民风民俗的美好。清江村借用翻鼓节迎春耕的美好希冀，吸引四面八方的游客来此体验赏花摘果的快乐和刺绣染布的惬意。清江村统筹生态环境和民族文化共同推进乡村振兴，有利于逐步实现农民创新创业、农业振兴创收、农村安居乐业，进而实现维护民族团结、社会和谐稳定的目标。

---

① 丹寨县人民政府宣传部编《苗族翻鼓节》，《云上丹寨》2018 年 3 月 28 日。

图4.13　清江村翻鼓节的热闹场面（清江村村委会提供）

翻鼓节是苗族同胞在春天“动土”干农活前举行的传统仪式，盛行于丹寨县的南皋和兴仁一带，尤其是丹寨县南皋乡清江村。翻鼓节是清江村春耕前最隆重的节日，节日的热闹喜庆过后，村民们就要开始专心地开展农业生产活动，直到秋收，方可开展吹芦笙、跳木鼓等民族文化娱乐活动。每年节日期间，都举行拦门酒、木鼓舞、芦笙会、万人游方、唱苗歌、斗牛等丰富多彩的民族文化活动，以吸引各方游客前来玩乐体验。

清江村历史文化悠久，民族节日丰富，民族文化多彩，人文景观奇特，尤其是翻鼓节。翻鼓节期间，各方游客可在清江寨门体验苗族最为盛情的三道十六杯迎宾拦门酒，然后沿河而下，游览青山绿水，呼吸新鲜空气，听鸟语、闻花香，拜谒田家祠堂，感受清江苗家独特的民族风情，体验苗家农耕文化。

随着翻鼓节的举办和游客的增多，清江村人民对古村落、古树木的保护意识也在逐渐增强，以国家二级保护植物金丝楠木群为标杆。近年来，清江河两岸村寨的房屋前后增加了不少果树、林木等，进一步营造青山绿水、醉氧山川、康养苗寨的清江。下一步，清江村将积极融入“下司古镇—乌羊麻—蓝梦谷—药谷江村—清江苗寨翻鼓文化—石桥古法造纸—云谷田园—风情园”环凯里市的“本真、自然、休闲、吸氧、康养”的旅游线，让游客获得更好的体验。

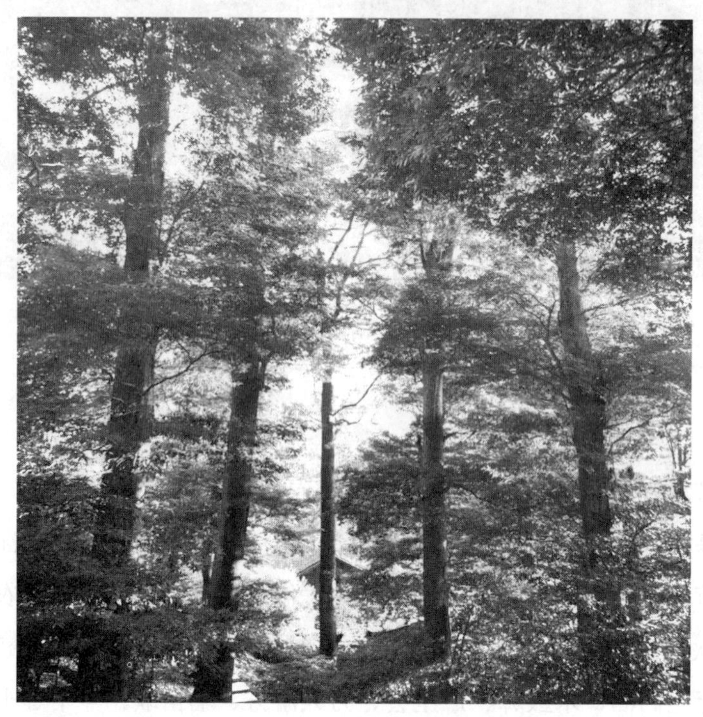

图4.14　清江村楠木林（严梅梅摄）

为提高清江村的知名度，打响清江村翻鼓节的旅游名声，省、市、县各级政府也不遗余力。在新闻报道方面，关于 2015 年翻鼓节活动的报道仅在贵州相关新闻网上可以看到。2016 年，翻鼓节活动的相关报道开始增加，除在贵州相关新闻网上能看到之外，在中国网也有专门报道，央广网还转载了新华社对清江村翻鼓节的报道。网易新闻也以“走进非遗：苗族翻鼓节祭鼓”为题，详细报道了当年的活动流程。2017 年的相关报道见于多彩贵州网、网易新闻、新华网客户端等，在爱奇艺视频 App 上还有相关视频。最热闹、关注度最高的当属 2019 年的翻鼓节，人民网、新华网、搜狐网、网易新闻等知名新闻网站相继报道。综合看来，清江村翻鼓节正在逐渐成为一张独特的名片，也将吸引更多的社会关注。

为传承和发展好清江村的翻鼓节，清江村每年都组织举办“清江苗寨非遗文化传承与保护专题研讨会”和“清江苗寨道德歌堂”，引来了中山大学等省内外高校、苗学会、各文化研究机构、政府文化部门的学者和专家参与研讨，取得了良好的效果。另外，为了让民族文化更加有力地推进农村经济文化的发展，清江村还通过“道德讲堂”不断向大众推广和宣传翻鼓节。

图4.15 清江村道德讲堂（清江村村委会提供）

概括地说，田氏苗族的生计方式已经呈现多元化，但仍以农耕生计方式为主，外出务工生计方式已经改变了田氏苗族的传统生计格局，而经商型生计和手艺型生计方式也逐渐出现，但还不是主流。在此过程中，田氏苗族关于土地的意识也发生了较大变化。随着都市文化的冲击及自身观念的改变，条件允许时，愿意离开农村的人越来越多。对土地的认知也发生了改变，从事农业耕作的人数在减少，从事农耕人员的年龄在变大，人们脱离农耕的愿望更强了；同时，从田氏苗族的土地纠纷的案例中，我们也看到了田氏苗族对土地的权益意识加强了。

费孝通先生曾说："文化的发展和变化，一方面是受其所处的环境的制约，要不断地和周围的环境相互调适而生存，另一方面还要受到外来文化的影响、促进及交流。"[①] 民族生计方式是民族文化的重要组成部分，在民族繁衍、人口发展、文化创新、社会发展中起着至关重要的作用。民族生计方式既根植于各民族所处的多样性的自然环境和多样性的文化土壤，又受制于不同时代发展不平衡的科学技术状况和生产力水平。任何一个民族在创造自己历史的过程中，都在有效地利用其所处的生存环境，并模塑着自己特有的生计方式。因此，各民族的生计方式不可能完全同质，而民族生计差异性的存在，正是人类文化多样性的具体反映，是民族文化发展与创新的原动力。在日新月异的现代化过程中，田氏苗族的生计既要积极主动吸纳外来文化的积极元素，又要立足于田氏苗族的生存环境、资源禀赋、储养状况而加以变革，其最终目的就是使特定的生计方式在对自然环境的应对中实现该民族对生存与发展所需能量的获取，并实现生计的可持续性和发展的可持续性。

① 方李莉：《费孝通晚年思想录：文化的传统与创造》，岳麓书社，2005，第256页。

第五章　翻鼓节的狂欢

第一节　清江苗寨节日概述

一、姊妹节

姊妹节，也称吃姊妹饭节，是贵州清水江中游沿岸苗族独有的传统节日。有的地区在农历二月十五日过，有的地区在农历三月十五日过。关于苗族姊妹节的传说，主要来自长达五百多行的《姊妹节歌》。相传，有两个姨妈的子女，男的叫金丹，女的阿姣，他们俩青梅竹马，两小无猜。长大后，彼此产生了爱情，金丹一定要娶阿姣，阿姣也非嫁金丹不可，却遭到父母及族人的反对。阿姣的父母要让她嫁回舅家（旧时苗家习俗称还娘头），阿姣不愿嫁回舅家，一定要嫁金丹，金丹也不愿娶别人，一直在等着阿姣。他们为了忠贞的爱情，天天都偷偷约会，因怕父母和寨老发现，他们俩相约在野外谈情说爱。每次，阿姣都用她装针线的竹篮偷偷地藏着饭带去给金丹吃。年复一年，经过一番磨难和顽强不屈的抗争，他们终于结成了夫妻，于是便有了“姊妹饭”的典故。苗语将带给情人吃的食物称为“藏饭”，汉语意译为“姊妹”。

在过节的前一两天，那些出嫁了的姑娘们也会陆续赶回娘家与未婚姐妹们共度佳节。每家每户都要打扫卫生，并准备好节日所需的五色糯米饭和酒肉蔬菜。节日这天，外寨的男青年们都要提前来走访，向姑娘们表示祝贺，姑娘们则带上准备好的五色糯米饭聚在一起会餐。晚饭后，姑娘们带着饭菜到游方坪上招待来访的男青年，以示欢迎和感谢。夜晚，姑娘、小伙们对歌传情，加深友谊，合意者即可自订终身。第二天，村寨还要举办盛大的群众性集会，同时开展斗牛、踩鼓、吹芦笙、赛马等活动。集会结束，姑娘们还邀请来访的男青年到家吃饭谈心。第三天，集会活动接近尾声，姑娘们提着盛满五彩糯米饭的竹篮或新帕饭袋，在村边路旁送别自己的男友。姑娘们将竹篮或布帕中的糯米饭送给小伙子时，往往在饭里藏着一些小东西。若在饭里藏的是椿芽菜，则表示可以结亲；若饭里藏的是竹钩，则表示愿意与对方结交朋友；若饭里藏得是松树叶，则示意对方应以绣花针回赠；若在饭里藏有蒜薹或树杈，则表示与之断交。小伙子们不论得到藏有何物的饭，都会表示感谢，绝不生气，不能成亲的仍是好朋友。①

图5.1　欢度姊妹节（黄晓海摄）

① 贵州省地方志编纂委员会编《贵州省志·民族志》，贵州民族出版社，2002，第141页。

二、七月半

七月半，又名中元节、七月十四、祭祖节、盂兰盆节、地官节。对于汉族来说，习惯称其为中元鬼节，节日习俗主要有祭祖、放河灯、祀亡魂、焚纸锭、祭祀土地等。中元节是道教的叫法，民间俗称为七月半（或七月十四），它的历史可追溯到上古时代的祖灵崇拜以及相关时祭。节期与古老文化中的阴阳消长循环之理有关，在《易经》中，“七”是一个变化的数字，是复生之数。七月乃吉祥月、孝亲月，七月半是民间初秋庆贺丰收、酬谢大地的节日，有若干农作物成熟，民间按例要祀祖，用新米等祭供，向祖先报告秋成。同时也是追怀先人的一种节日，其文化核心是敬祖尽孝。

七月半并不是汉族独有的节日，在漫长的苗汉交往历史中，苗族也逐渐接受了将七月半作为苗族祭祀祖先的传统节日。清江苗族一般是在七月十三祭拜祖先，要去稻田中捉鲤鱼，还要烧香、烧纸钱。

但是对于苗族来说，七月半就不仅仅是祭祖那么简单了，特别是对于清江苗寨来说，七月半是仅次于翻鼓节和苗年的第三大重要节日。在田野调查中，清江村前任村支书田仕与我们在就清江村田氏苗族的历史、文化习俗等交流了很多，苗族在七月半还会举行消灾祈福的仪式。当然，每年七月半的祈福也不仅仅限于小孩子，对于成年人来说，也有着相同的作用。苗族认为天地万物都有灵性，在苗民们的日常生活中，总是会在不经意间因冒犯到某些神灵而使自己遭受灾祸。但是大多数苗族家庭都比较贫穷，负担不起请鬼师为他们祈福解难的费用，所以普通人家只有等到每年七月半祭祀祖先的时候，通过一些简单的祭祀仪式来祈求祖先的保佑，从而化解这一年以来的灾厄，并希冀来年顺遂。①

① 与田仕的访谈记录，地点：清江村村委会，时间：2019 年 7 月 12 日。

三、苗年

苗年是苗族祭祀祖先和庆祝丰收的传统节日。清代中叶以前，贵州苗族各个地区都要过苗年，但是过苗年没有统一的固定日期。如台江、剑河、榕江在农历十月，雷山在农历十月下旬至十一月上旬，威宁、松桃、铜仁等地在农历十一月，务川、道真等地在正月初三、初四。如今，大多数苗族都过春节，只有剑河、台江、雷山、丹寨等地还过苗年。苗年一般分三次过，称为小年、大年和尾巴年。大年最热闹，集会也集中在大年里进行，持续 3 ～ 5 天，有的地区持续十几天。在过苗年期间，每家都要杀猪宰鸡，打糍粑，准备腊肉、香肠、血豆腐等食物。此外，还要举行隆重的祭祖活动，大年那天清晨，每家每户都要抱上大红公鸡到村边路口迎接祖先的灵魂回家过年。过年时，要在祖先牌位前放一张桌子，并摆上一桌酒菜及糯米粑敬供祖先。每户人家还要给他们的家禽吃得比平时好，以示酬劳。节日期间，还要举行跳芦笙、斗牛、赛马、游方等盛大的娱乐庆祝活动。①

图5.2　苗族过苗年时众人抬木鼓
（田仕摄）

图5.3　苗族过苗年时合力抬芦笙
（田仕摄）

① 贵州省地方志编纂委员会编《贵州省志·民族志》，贵州民族出版社，2002，第 140 页。

四、翻鼓节

翻鼓节现流传于丹寨县南皋乡全境，兴仁镇的龙坡、翻仰、翻杠、排佐，以及凯里市舟溪镇的情郎等苗族村寨，是这些地区在春天“动土”做农活前最为隆重的民族传统节日。翻鼓节对丹寨苗族，特别是对清江村田氏苗族来说，是一年中最为重要的节日，既是祭祀祖宗、迎接春天、祈祷丰收的节日，也是人们联欢娱乐、交友寻偶的节日。每年农历二月的第一个亥日，南皋河两岸的苗族村民们就会热闹地筹备起来，欢庆翻鼓节的到来，祈求来年风调雨顺。

图5.4　翻鼓节期间，热情的苗族群众在寨门处迎接客人（田仕摄）

1. 节日起源

有关丹寨翻鼓节的起源，主要有两种说法：第一种说法认为丹寨苗族的翻鼓节是由古代时期苗族每十三年一祭的祭祖节，也就是现在的鼓藏节演变而来的。第二种说法是苗族祖先创造了翻鼓节，并衍生出鼓藏节。苗族信仰万物有灵，祀奉祖先，崇拜自然，认为神灵具有不可抗拒的力量，无论消灾除病还是求子求财都应祈求神灵与祖先的保佑。因此，每十三年要举行一次大型的祭祖活动。

在苗族经典《苗族古歌》中有着这样的记载：枫树是万物的生命树，在上古时期生命树被砍倒后，树根变成泥鳅，树干变成铜鼓，树枝变做鹡宇，树心里生出了蝴蝶妈妈。蝴蝶妈妈和泡沫恋爱之后，生下了十二个蛋。由于蝴蝶妈妈不会孵蛋，就让鹡宇来帮忙孵化，先后孵化出包括姜央、雷公、龙王、老虎、大象、水牛、老蛇、蜈蚣、鬼怪和蛊毒等人、鬼、神、兽。①

后来姜央通过种种手段，打败了其他的兄弟姐妹，成为大哥。于是其他兄弟姐妹纷纷离开原来的家园，由姜央留在家中奉养蝴蝶妈妈。为了达到最好的祭祀效果，在姜央的不懈努力之下，终于找到了最佳的祭祖用品——木鼓、牯牛。② 同时，由于生育了人类的蝴蝶妈妈诞生于生命树的树心，之后繁衍开来的人类就用枫树来制作祭鼓，并以之为祖先灵魂的寄居之地，所以苗族的祭鼓活动也是祭祖活动。在祭祖的时候，宰杀牯牛以求祖先保佑来年风调雨顺，能够有一个好收成。

图5.5　清江村的木鼓（清江村村委会提供）

① 田兵：《苗族古歌》，贵州人民出版社，1979，第117—218页。

② 马学良、今旦译注：《苗族史诗》，中国民间文艺出版社，1983，第202—217页。

清雍正六年（1728 年）以后，为实行“开辟苗疆”的计划，清军在黔东南少数民族地区进行了野蛮的抢掳，南皋乡一带作为军事要塞，牛羊几乎被清军抢光，田土也归军屯的屯军所有。自此以后，杀牛祭祖的鼓藏节就完全停止了。咸同年间，以马登科为首的苗民起义军占据八寨县（现丹寨县）有十三年之久，在苗民起义军的顽强抵抗下，清政府不得不改变策略。同治十年（1871 年），清政府重新收复八寨后，采取剿抚并用、以抚为主的策略，对“投抚余苗，酌其人口多寡拨给田土，归为安插，量加赏恤。”十二年（1873 年），“四民甫集，田荒未治。知府罗应旒请示省善后局出钱给苗民购牛资耕，……经同知陈世芳领发耕牛九十二头，十三年经同知刘垂棋结领牛种银一千五百两，折合耕牛一百八十七头，转发人民购牛。”同时继续“蠲免地方额赋”，将屯军种不完的部分土地租给苗民种，并以收缴田赋粮的形式为驻军官兵筹措粮饷。此时，社会初步安定，生产得到恢复，生活也有了一些改善，各地苗族村寨又才逐步恢复鼓藏节。但当时每个村寨只有几头牛，而且多数都属清政府所有，在此情况下，祭祖活动不得不进行调整，即每年过一次祭鼓节，不宰杀牛，只杀鸡、捕鱼、酿酒、煮肉。[①]

民国年间，八寨县政府开始把南皋一带的苗民事务授权给当地苗族头人管理，一些基层政权领导也有苗族同胞参加。这样一来，这一地区的苗族经济文化又进一步改观。此时，南皋乡及周边地区的苗族文化仪式得到恢复，原来一年一次的鼓藏节被改为一年两次的翻鼓节，分别在农历二月和九月举行。

但是，关于翻鼓节是由鼓藏节演变而来的说法并不能够得到清江苗寨田氏苗族的认可。恰恰相反，他们认为鼓藏节是在翻鼓节的基础上发展而来的，他们认为自己的祖先来到清江定居之后，创造性地发明了翻鼓节，翻鼓节流行之后，才逐渐形成了现在主要在雷山地区流传的鼓藏节。

---

① 中国人民政治协商会议丹寨委员会编《丹寨故事》，九州出版社，2017，第 161 页。

图5.6　清江苗寨独有的用金丝楠木制作而成的木鼓（黄晓海摄）

田氏苗族的祖先经过漫长的跋涉，终于从中原地带迁移到了现在的清江村，开始繁衍生息。但是由于长久的迁移奔波，最开始时田氏苗族的人口十分稀少。为了更好地适应与融入清江地区的生活，当时的寨老决定鼓励本苗寨里的青年男女与周边其他苗寨的青年男女通婚并繁衍后代。这一举措不仅增加了田氏苗族的人口，而且调和了与周边苗寨的关系，为田氏苗族在清江地区站稳脚跟提供了助力。苗族同胞将跳芦笙舞和跳鼓等活动作为主要的相亲手段，一些家庭条件好的年轻人就会在翻鼓节这天盛装打扮，一起来跳鼓、跳芦笙舞，而一些家庭条件较差的年轻人也可以来看热闹。通过这一方法，解决了清江苗寨中很多青年男女的个人婚姻问题。其他苗寨纷纷效仿，也开始举办翻鼓节。但是有很多寨子效仿不成功，几乎天天都在举办翻鼓节，青年男女都无心劳动，只想着去其他寨子玩耍，还有人因此忽视了自己的家庭，甚至导致婚姻破裂。最后，清江苗寨的寨老为了本苗寨的发展，决定每年二月第一个亥日举行翻鼓节。节庆之后，全寨子的人家都必须将木鼓收起来，不允许再敲木鼓，所有人必须专注于农业生产，直到九月的第一个亥日到来，才可以将木鼓翻找出来，再一起载歌载舞，欢庆丰收。此外，清江苗寨的寨老还知会其他苗寨的寨老，清江村举行翻鼓节之后，附近所有的寨子就不可以再跳鼓，一直到九月九重阳节之后，其他寨子才可以举行跳鼓、跳芦笙舞等活动。在此期间，所有寨子的木鼓都必须收起来。现在的雷山、台江、麻江等地也将这个活动叫作鼓藏节，以雷山的一些苗寨为例，要十三年才会举办一次。以十二生肖为规律，不同的苗寨在不同的年份举行翻鼓节，只有清江苗寨才可以每年举办翻鼓节。[①]

图5.7　村民在河边的田地中举行祭鼓活动（清江村村委会提供）

翻鼓节跳木鼓舞有这样一个传说：很久以前，每年正月，人们都要上九重天和祖宗一起过节，吹芦笙、跳木鼓舞，十二天后才回来，这样祖宗们才快乐。后来出现了很多的妖魔鬼怪和害虫作恶，人们被灾祸、病疫、饥荒闹得不得安生，还发生了虎妖趁大人上天踩鼓时来吃掉小孩的悲剧。氏族长老向祖宗诉说请求帮助，天上的祖公就将威力无比的木制天鼓送给他，让他带回凡间镇妖

① 与田仕的访谈记录，地点：清江村村委会，时间：2019年7月12日。

驱邪。天鼓有九尺长、七抱粗，他们扛也扛不起、拉也拉不动，在众多鸟兽的帮助下，才把天鼓移到天河里慢慢拉回家乡。等拉到寨边的河滩上时，已是农历二月第一个亥日了。乡亲们架起天鼓，咚咚咚地敲了起来，妖魔鬼怪和害虫死的死、逃的逃。人们高兴得跳鼓、唱歌接连欢庆了三天，还把祖宗也从天上请下来，与子孙后代们一起饮宴同乐。祖公临走时，吩咐把鼓藏进山洞中，每年农历二月都要翻出来敲一敲、跳一跳，这样就会吉祥平安。人们照做了，果然年年都风调雨顺，万物繁荣，五谷丰登，人畜兴旺。在清江苗族的翻鼓节上，虽然敲木鼓的目的与鼓藏节一样，都是为祭祀祖先、祈求丰收，但是清江苗寨作为"木鼓之乡"，其木鼓的起源传说与鼓藏节的木鼓传说是不一样的。此外，清江苗寨的木鼓是由清江苗寨特有的金丝楠木制造的，而不是枫树。

总的来说，因为苗族多居住在山岭地带，所以苗族的宗教信仰以自然崇拜和祖先崇拜为主。无论是采信哪一种起源传说，祈求祖先保佑来年丰收都是苗族翻鼓节的精神内核之一。相比较于单纯的祭祖活动，清江翻鼓节显然在男女相亲这一方面更加突出，这就使得清江的翻鼓节更加区别于雷山的鼓藏节，有自身独有的特色。

2. 节日活动

翻鼓节的过节时间为农历二月的第一个亥日。苗族翻鼓节有祭鼓、宴亲友、跳踩鼓舞、斗牛、斗鸟、唱情歌等活动，一般来说要进行三天。

第一天清晨，各家蒸糯米饭、杀公鸡、煮鱼、炒肉，在桌上或簸箕内摆上糯米饭、甜酒、鱼、鸡、肉等祭品，烧香纸，酹酒掐食祭鼓（即祖宗）。在鼓头家里，把同样的祭品摆在木鼓前，鼓头身穿缎长衫，头戴已抽掉粽粑叶只剩竹篾骨架的斗笠，率参加祭鼓的人站立，鼓头念祭祷词，烧香纸、酹酒、掐食、祭木鼓，鼓头口含酒水喷洒木鼓三次，然后用鼓棒敲鼓数下，仪式结束。接着各家与来客共同饮宴。下午 3 点左右出鼓，即把木鼓由家中抬到寨脚河沙坝的踩鼓场上架起来。踩鼓场上，本寨的姑娘和小伙子们出场，围成圆圈，随着鼓点跳起舞来，然后客寨来的青年男女才加入进来。欢跳到天色昏暗，便收鼓回寨饮宴。

图5.8　由政府出资新修建的跳鼓广场，也被当地人叫作芦笙堂（清江村村委会提供）

图5.9　广场鸟瞰图（清江村村委会提供）

第二天，也是整个翻鼓节最为热闹的一天。这一天，许多来不及参加第一天祭鼓仪式的人也都赶来了，各项活动也逐渐开展起来了。踩鼓场上人山人海，热闹非凡，年轻男女依然会盛装打扮，来到跳鼓场跳鼓或者是吹芦笙，而其他对跳鼓不感兴趣的人也可以到河边去观看或者参加斗牛、唱歌等比赛活动。

图5.10　简单的祭鼓活动后，男丁将木鼓抬到跳鼓场（清江村村委会提供）

图5.11　祭鼓仪式（清江村村委会提供）

图5.12　身着盛装的苗族姑娘们在跳鼓场一起跳翻鼓舞（黄晓海摄）

到了第三天，年轻的小伙子们和姑娘们就会成群结队地到村寨附近的游方坡对唱情歌，用最原始、最古老的方式谈情说爱。一般都是唱民歌，借助花草树木、动物等来表达爱意。男子对女子唱："我看到你非常非常的漂亮，我很心动，如果我的父母知道了，他们就会上门去向你提亲；如果你的父母不同意，我就打造出金钩银钩，把你勾出来，那就最好啦。”女子就会回唱男子：“我爸我妈都长得不好看，我也长得不好看，就算把我用绳子捆上送给你，你可能都不会要。”之后双方一般还会继续对歌，如果双方都对对方有意，对歌甚至会持续三天三夜。对歌的内容也包括自身家庭条件、个人信息、未来规划、婚后生活以及养育子女等问题。男女双方如果不认识，也会通过唱歌来交朋友。例如男子会对他感兴趣的女子唱：“最绿最青的小草是生长在坡边，最不熟悉的你在边上走，我们难得在此相遇，让我们坐下谈一谈，就可以相互认识，变成朋友，如果我们不谈一谈，那就错过了我们相识的机会了。”如果对方感兴趣，就会坐下开始对歌、交流。男女双方对歌的距离基本是在一米左右，如果对歌有感情了就会逐渐靠近。如果对对方不感兴趣，就不再对歌。[①]

图5.13　在游方坡进行对歌活动的热闹场景（田仕摄）

① 与田仕的访谈记录，地点：清江村村委会，时间：2019 年 7 月 11 日。

第二节　翻鼓节的全民性

随着现代社会的发展，人们发明了越来越多的节日，似乎每一天人们都可以庆祝节日的到来。例如，受中国人民热烈追捧的“双十一”购物节，以及由此衍生的“双十二”“六·一八”等购物节。在某种程度上来说，这些由各大电商平台主导而创造的各种节日，比中国上千年历史传承下来的传统节日还要牵动当代人的心。像端午节、中秋节这一类的传统节日，如果不是被定为国家法定节假日，可能也会像寒衣节、上巳节、花朝节等传统节日一样，被人们彻底地遗忘、抛弃。为什么会出现这种情况？节日的意义到底是什么呢？

节日作为人类一代又一代历史发展所遗留下来的传统，并不是最初就存在的，是由一代代人逐渐构建起来的一种文化概念。以清江苗寨的翻鼓节为例，它以清江苗寨的历史传说为基准，最开始主要是为了解决寨子中青年男女的婚姻问题，以及繁衍后代的人口需求问题。同时，对于那些不是适婚男女的人来说，也可以将他们从日常繁重的农业劳作中解放出来，让他们能够轻松愉快地休闲几天。然而随着翻鼓节活动的益处被越来越多的寨子所看到，这样一个由单一寨子发起的活动就逐渐被大家所认可、接受，成了一项区域性节日活动。可以看出，翻鼓节之所以被确立为苗族传统节日，主要是因为其作为节日的价值被苗族绝大多数民众所认可，进而在本区域范围内获得巨大的成功。

图5.14　众多游客来到清江苗寨参加翻鼓节活动（田仕摄）

图5.15　清江村的苗族妇女一起跳迎宾舞来迎接客人（清江村村委会提供）

一般来说，节日存在意义的条件在于“共享性”和“理智的快乐”。节日作为日常生活中不寻常的存在，自然是人们生活中的一抹亮色。但是，如果只是一个人孤孤单单地过完一个节日的话，那么这个节日就与其他无数个寻常的日子一样，毫无特色。只有大家一起参与进来，一起欢庆节日，这个节日才算是一个有滋有味的节日。因此，可以说，节日之所以是节日，全在于节日的“共享性”。只有与他人一起度过这个节日并分享节日的快乐，这个节日对于所有人来说才是有价值、有意义的。[①] 清江苗寨的翻鼓节作为一个最受重视的传统节日，自然会吸引周边地区很多民众的目光，吸引他们到清江来参加这次狂欢的盛会。这些周边的民众来到清江苗寨参加翻鼓节，与他人一起观看各种各样的活动、比赛、表演，一起分享他们的快乐，这样才能使翻鼓节的各项社会功用得以实现，也才会让翻鼓节在大众的脑海中留下一个鲜活的

---

① 刘广伟、单世联：《节日的意义在于肯定世界：西方文化理论视角下的阐释》，《山东大学学报》（哲学社会科学版）2019 年第 1 期。

剪影，而不是像其他已经被淘汰了的节日一样，只存在于历史书中，不再为大众所熟悉。

图5.16　两名身着节日盛装的小女孩来参加翻鼓节（黄晓海摄）

清江翻鼓节的节日“共享性”大致可以从以下两个方面体现：一是宗教信仰，二是娱乐活动。

一、宗教信仰

现代的很多传统节日都与宗教信仰有关联。就汉族来说，佛道两教通常以庙会为契机，在寺庙、宫观召集信众、宣扬宗教思想，这也就形成了一个个以庙会为支撑点的宗教性民俗节日。对当时的民众来说，宗教生活是他们人生中的一个重要部分，人们在自然环境和社会环境的束缚下无法掌控自己的命运，便希望通过祭祀、朝拜等活动实现人神交流，从而得到精神上的慰藉和补偿。从这个意义上来说，宗教性节日能够令当时的民众在精神生活需求方面产生满足感。

图5.17　翻鼓节祭祀祖先活动（田仕摄）

而苗族作为一个自上古时代就兴起的民族，经过长期的历史发展，逐渐形成了其独具特色的宗教信仰体系。虽然不同地区苗族的宗教信仰有所不同，但是总体来说，多数苗族群众信仰的仍然是本民族的原始宗教，包括自然崇拜、图腾崇拜、鬼神崇拜、祖先崇拜等。细究翻鼓节的来源传说，无论是传承自鼓藏节还是开创自清江村，都可以看出苗族翻鼓节节日庆典从本质上来说，都是一个祭祀祖先的节日，充分体现了苗族祖先崇拜的宗教信仰特征。在这种宗教背景下，翻鼓节作为一个区域性的祭祀节日，苗民们可从祭拜木鼓、祭拜祖先的种种活动中，获取精神上的满足感。这种祭祀祖先、信仰祖先的宗教习俗，虽然在大多数时候并不为人所重视，但是作为苗族文化的一部分，在苗族人家的日常生活中占据着十分重要的地位。因此，每年翻鼓节的庆典上，男女老少无论路途远近，都会自发地聚集起来，来到举办翻鼓节的那个苗族村寨，一起欢度翻鼓节。参加翻鼓节的苗民们，特别是青年男女，会将对未来美好生活和今年五谷丰登的愿望和诉求寄托到跳木鼓、吹芦笙的欢乐活动中，希望这些愿望可以随着乐声飘荡到祖先们居住的天上，并获得他们的护佑。可以说，这些乐声承载的不只是人们的诉求和希冀，还有他们摆脱困境、获得健康和幸福的尝试和努力，是人们精神信仰的重要依托。在这种宗教信仰的影响下，众多的苗族民众在翻鼓节当天，都会自发地将各自支系藏于家中的木鼓抬出来，在家中进行自己本家的简单祭祀之后，由家中男丁合力抬到举办翻鼓节的主场地上去，自此正式开始翻鼓节的狂欢。

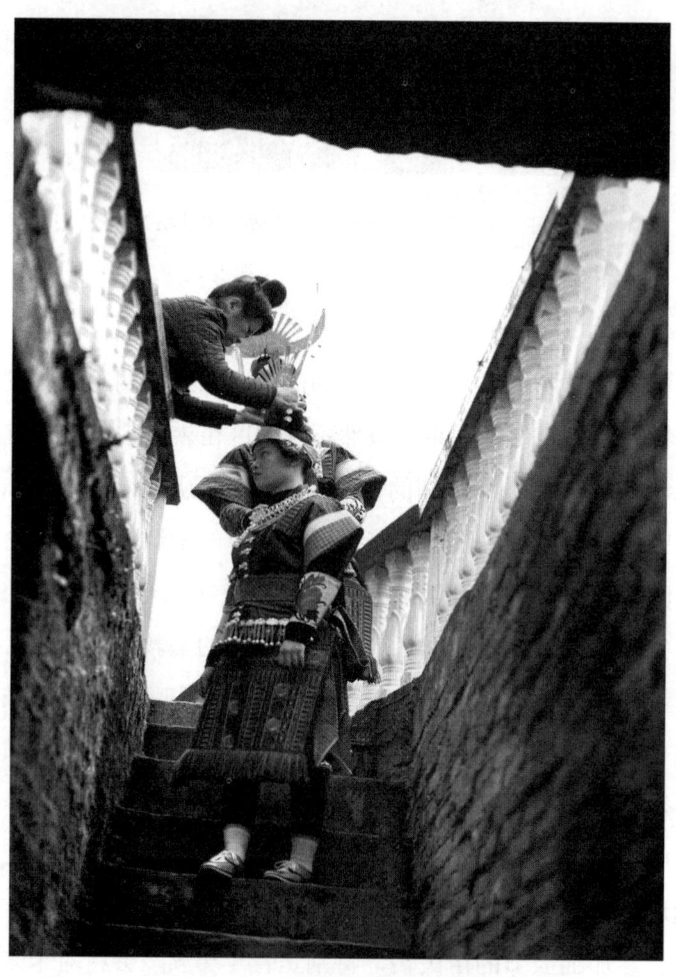

图5.18　翻鼓节当天，母亲为女儿整理着装（黄晓海摄）

二、娱乐活动

清江苗寨的翻鼓节一般都会举行三天。除了第一天主要是进行祭祀活动外，其他的两天都是没有具体安排的，所有人在这个节日里都可以肆意地高歌、游乐。具体来说，翻鼓节的主要活动是跳木鼓舞、吹芦笙、斗牛、赛歌等。

1. 跳木鼓舞

跳木鼓舞是清江苗寨翻鼓节所有活动中最为重要、最为核心的一个活动。翻鼓节第二天，无论什么时段，举办翻鼓节的主场地上都有适婚男女在那里跳木鼓舞。一般来说，都是未婚的青年男女参加跳木鼓舞的活动，而老人、小孩和已婚的男女都是不能参与的，只能在周围观看，但这对于大众来说，也不失为一个很好的娱乐活动。

关于在翻鼓节的时候跳木鼓舞，清江苗寨有着一个流传甚久的传说：在翻鼓节作为苗族的固定节日被确立之初，家家户户都有芦笙和鼓，所以在那段时期内，经常有人将自家的木鼓抬出来，并将附近村寨的人聚集起来，大家一起唱歌跳舞，交流感情。虽然这一行为为村寨中所有的适婚男女提供了很好的相亲平台，促成了很多佳偶眷侣，但是每举办一次跳鼓活动就需要举行一次祭祀来表达对祖先的尊敬，而祭祀就必须要杀牛杀猪，在各种生产生活资料都不甚发达的时期，这对资源的浪费是非常巨大的，也是大多数家庭难以承受的。所以清江苗族的先祖就决定取消这项活动，并把所有的木鼓放到山洞里去藏起来。后来村寨中有人到坡上敲击其他东西时，洞里的鼓竟然翻起来了，于是清江苗寨的人认为木鼓具有灵性，在村里人敲击其他物品时，它就会苏醒过来。但这次事件后，村寨中的人全都生了一场大病，即使是请苗族鬼师来治病祛邪，人们也完全没有一点康复的迹象。后来就有鬼师说，这是一种诅咒，因为木鼓全部都苏醒过来了，所以人们必须跳鼓。如果不进行这项活动，村寨中的人们就会因为受到诅咒而死。于是人们重新把木鼓从山洞中抬出来，并在翻鼓节跳木鼓舞。①

---

① 与田仕的访谈记录，地点：清江村村委会，时间：2019 年 7 月 12 日。

图5.19　身着盛装的苗族姑娘准备跳木鼓舞（黄晓海摄）

图5.20　年轻的苗族姑娘在相互整理着装（黄晓海摄）

除去传说之外，苗族民众在翻鼓节的时候热衷于跳木鼓舞还有另外一个重要原因——相亲。在本章最开始的时候，我们就有提到翻鼓节实质上就是一个苗族适婚男女的大型相亲节日活动。清江苗寨周边片区的年轻男女在这几天都会赶来清江村参加翻鼓节。所有的未婚男女都会在这个时候尽可能地装扮自己，穿着自己最好看的苗族服饰，来到河边广场，跟随着众人的脚步跳木鼓舞。在大家跳舞的时候，年轻男女就会在跳舞中互相认识彼此，为他们以后的相处创造条件。在中华人民共和国成立以前，苗族青年大多数都是通过参加翻鼓节来找到伴侣的。但是，随着社会和时代的发展，现在的苗族也开始提倡自由恋爱，翻鼓节作为相亲平台的地位大幅度衰落，不再是苗族未婚男女寻觅伴侣的重要渠道了。民众在庆祝翻鼓节时，更在意的是它的娱乐作用。

2. 斗牛

斗牛是苗族传统的民俗活动，一般是让两头水牯牛以角相抵斗来争胜负，号称“东方式斗牛”。

图5.21　清江村举办的斗牛比赛（田仕摄）

图5.22　村民参加斗牛比赛取得了B组第一和C组第三的好成绩（田仕摄）

在丹寨县，苗族民众一般把斗牛称为“牛打架”。斗牛活动在某种意义上也有一定的祭祀功能。在苗族的文化习俗中，一般在举行大型祭祀活动的时候，都会举行一场斗牛活动。斗牛结束之后，再通过占卜选择吉日吉时把牛杀死来祭祀祖先。可以说，苗族祭祖仪式的核心和高潮就是斗牛。

在黔东南的苗族中有这样一个传说：最开始，黔东南的苗族并不懂水稻的栽种方法，大多是将稻种肆意抛洒到田中，任其自然生长，所以收成不好。突然有一天，有两头牯牛跑到稻田中打架，把很多刚长出来的稻苗都毁坏了，主人只好将别处的稻苗移栽到这块稻田之中。结果这些后补上来的稻苗长势喜人，最后竟然获得了大丰收。为了纪念此事，斗牛就成了苗族的一项重要风俗。[①]

图5.23　在斗牛比赛中获得“牛王”称号的斗牛（田仕摄）

图5.24　清江翻鼓节的斗牛活动（田仕摄）

其实就现在的苗族来说，斗牛活动的祭祀意味已经很淡薄了，主要意义还是在于苗族民众内部的自娱自乐。它作为一项在黔东南苗族中极为普及的娱

① 黄亦君：《黔东南苗族斗牛活动的文化人类学考察》，《中华文化论坛》2015年第1期。

乐活动，就像现代社会的足球、篮球等运动一样，强烈地刺激了每一位观众的感官，很容易让人兴奋起来。在清江苗寨，有一个由村寨中的年轻人组成的斗牛比赛组委会，总揽斗牛活动一切事宜。组委会也会向村寨中的每一户人家进行募捐，募捐的款项以及从村委会或者其他途径筹集到的资金会被用来支付举办斗牛活动的开销。一般来说，斗牛比赛的场地都是在一片空旷的田地中，并在周边修筑临时的土围栏，将斗牛场地圈起来，防止斗牛冲出场地攻击围观群众。按照斗牛的体型、体重以及年龄来划分，当地的斗牛比赛一般被分为三个档次——大牛、中牛、小牛，周边区县的所有家中有斗牛的人，都可以带着自家的斗牛来参加比赛。如果获得胜利，不仅可以收获不菲的奖金，还会在周边区县大出风头，成为人人都知道的斗牛冠军。斗牛比赛是清江苗寨翻鼓节的一个重要活动内容，特别是对于那些不需要也没有兴趣参加跳木鼓活动的男性来说，斗牛比赛更能够激发他们的热血和激情。有的热衷于观看斗牛比赛的人，还会早早地带着自己的小板凳来到斗牛场地，占据一个视角极佳的位置，让自己能够更好地观看斗牛比赛。

3. 赛歌

在翻鼓节所举办的各种娱乐活动中，最受苗族妇女喜爱的就是唱苗歌比赛了。所谓苗歌，就是苗族民歌。因苗族在我国分布范围十分广阔，不同苗族区域所流行的苗歌也有所不同。苗族在演唱苗歌的时候，一般用真声，略带朗诵腔，黔东南的苗族也采用这种边唱边讲述的形式。歌的曲调分古歌、情歌、飞歌（或大歌）、丧歌及祭祀歌，各具特点。古歌浑厚、节拍分明。情歌旋律优美，一般是低声对唱、重唱或混声合唱。个别地区，如北盘江上游一带苗族，则喜高亢、豪放地大声歌唱。飞歌是在两山之间唱给对方听，有独唱、对唱之分。丧歌曲调悲戚，多独唱。祭祀歌曲调庄重、严肃，有些曲调相传至今，无伴奏或少伴奏。但是在清江苗寨及其周边地区，一般是按照唱歌时所处的情形的不同来对曲调进行划分的，由此可以分为情歌、酒歌、祭房歌、丧歌及祭祀歌等多个种类，其中应用范围最为广泛的还是情歌和酒歌。情歌大多时候都是苗族青年男女在谈情说爱时唱的曲调，同飞歌类似，可以一人独唱，也可以两人对唱，一般是用于向心仪的对象表达爱意。而酒歌是在酒宴上劝人喝酒的曲调，通常是表达尊贵的客人到自己家参加宴席的喜悦之情，以及主人家对客人的重视。但是，在某些时候，年轻男女也可以通过酒歌的调子来演唱情歌的内容，使得酒歌同样具有情歌的作用。这两种曲调对于歌词内容没有具体的规范要求，仅仅要求曲调一致。所以，歌唱者可以根据自己的现实需要，即兴创作歌词来应和原有的苗歌曲调，以表达自己的内心感受。而似祭房歌、丧葬歌和祭祀歌这类特殊日子才会唱的曲子，则有专门的曲调和歌词，在日常生活中是很少有人会唱的。特别是现代化迅速发展的现在，已经很少有苗家人去学习这些曲子了，只有一些年长的老人，如鬼师、寨老等才会唱一些。

图5.25　翻鼓节的苗歌比赛（田仕摄）

在苗歌比赛中，大家演唱的都是在平时应用范围最为广阔、最为大家所熟悉的情歌和酒歌。苗歌比赛一般以小组为单位，有意愿参加比赛的人可以拉着自己的好友，穿着自己最漂亮的新衣，来到广场上一展歌喉。大家通常是在同一主题下，采取问答的方式来进行比赛。如果哪一支队伍出现了失误，那么哪一组就输掉了这场比赛。对于苗族的妇女们来说，她们的日常生活中充斥着各种各样的家务活动，特别是在古代各项交通设施不发达的时候，苗族妇女们出寨子一趟都十分困难，这一年一度的唱歌比赛可以说是她们乏味的日常生活中的唯一一抹亮色了。所以，每次唱歌比赛的举办，都可以激发她们无与伦比的激情，就像男人们都去观看令人热血沸腾的斗牛比赛一样，妇女们都会不约而同地去观看激动人心的唱歌比赛。

图5.26 梳妆打扮的苗族姑娘准备参加翻鼓节唱歌活动（黄晓海摄）

清江苗寨的翻鼓节通过举办跳木鼓舞、斗牛比赛、唱歌比赛这三大主要活动，成功地吸引了各个年龄段的苗族民众的眼球，让他们不由自主地参与进了这一年一度的节日盛会。

总的来说，随着科学的发展和社会的现代化，宗教再也不像过去那样是人们精神生活的主要内容。特别是对于现代中国人来说，因为中华人民共和国成立初期的破除封建迷信活动，很多传统节日中的宗教性的内容和气氛逐渐减弱，甚至有一些完全转变为娱乐性的节日，清江苗族的翻鼓节也是如此。随着清江苗寨与现代社会的逐渐接轨，当地百姓开始不断发掘自身独有的优秀苗族文化，并进行文化旅游开发，翻鼓节活动对于清江苗族来说就是一个极好的开发成果。现在，清江苗寨的翻鼓节可以被称为清江村发展乡村旅游最具代表性的一张名片。因此，无论是从宗教信仰来看，还是从娱乐盈利方面来看，清江翻鼓节都是一个极具吸引力的盛大节日，不仅是清江苗寨本地村民，其他村寨甚至是周边市区的人都会赶来参加。

第三节　翻鼓节的反规范性

“规范性”从词义上来解释，是指凡是有人群的地方，每个人的一言一行、一举一动都有一定的规矩和标准。小到个人，大到整个社会，所有的个体或集体都生活在一个有着各种规矩和标准的框架之中。而“反规范性”，顾名思义，就是违反既定的社会规则，逃离原本构建好了的社会框架。节日作为传统民俗中不可或缺的一部分，在人们的日常生活中起着不容忽视的作用。同时，节日相比其他时日来说，是一段比较特殊的时间，人们在这一时间中的所作所为与平时相比具有极大的差异。所以，在某种程度上，节日也是人们逃离社会原定框架，反抗社会规则和秩序的一个重要渠道，且不用付出违反社会规则所需要支付的代价。

一、狂欢精神

所谓狂欢精神，是指群众性文化活动中表现出的突破一般社会规范的非理性精神，它一般体现在传统的节日或其他庆典活动中，常常表现为纵欲的、粗放的、显示人的自然本性的行为方式。① 这种精神往往在世界许多地区传统的

① 赵世瑜：《狂欢与日常：明清以来的庙会与民间社会》，北京大学出版社，2017，第 98 页。

节日庆典活动中得到充分的展现。民众在节日活动中，受群体性狂欢精神的影响，通常会表现出异于日常生活的非理性的一面。显然，节庆时期民众的非理性的行为和意识对原有社会框架结构和社会生活规范都将产生巨大的冲击。

将民众在日常生活中的理性状态与节日庆典中的非理性状态表现得最淋漓尽致的，当属西方的狂欢节文化。在古希腊时期，每年的3月，人们为了表达对酒神狄奥尼索斯的敬意，纷纷举办酒神节，并参加酒神的祭祀游行活动。人们在宴席之上，通过即兴演唱祝歌来赞美酒神狄奥尼索斯，有时还翩然起舞，这一类的歌曲被称为“酒神赞歌”。到了公元前6世纪左右，酒神赞歌这种艺术表演形式越来越受到众人的追捧，直接或间接地影响了古希腊戏剧、音乐等艺术的发展。当酒神节传入罗马之后，得到更加热烈的追捧，有的时候甚至一个月都要举行好几次节日活动。当然，在这一时期，所谓的酒神节也不再具有祭祀的意义了，仅仅是古罗马人为了能够开展狂欢宴饮而披上的一层外衣。

巴赫金“狂欢”理论将人们的生活划分为两种世界（两种生活）。第一世界（第一生活）是官方的、严肃的、等级森严的秩序世界，统治阶级拥有无限的权力，而平民大众则过着常规的、谨小慎微的日常生活，对权威、权力、真理、教条、死亡充满屈从、崇敬与恐惧。而第二世界（第二生活）则是狂欢广场式生活，是在官方世界的彼岸建立起的完全“颠倒的世界”，这是平民大众的世界，打破了阶级、财产、门第、职位、等级、年龄、身份、性别的区分与界限，“国王”也被打翻在地，小丑加冕成“王”，人们平等而亲昵地交往、对话与游戏，尽情狂欢，对一切神圣物和日常生活的正常逻辑予以颠倒、亵渎、嘲弄、戏耍、贬低、歪曲与戏仿。而一切非平民阶层要想在第二世界生活，只有放弃在第一世界的一切权力、身份、地位才能够为第二世界所容纳。这是“成为民众暂时进入全民共享、自由、平等和富足的乌托邦王国的第二种生活形式。”[①] 而在似酒神节这种带有狂欢性质的节日中，所有的人，不管是高高在

---

① 巴赫金：《拉伯雷研究》，李兆林、夏忠宪等译，河北教育出版社，1998，第11页。

上的国王、贵族，还是卑微的农民、乞丐，他们在欢庆节日的这一刻，全都抛却了自己在第一世界中的所有，在这一刻所有人都是平等的，没有高低贵贱之分，大家唯一所求就是尽情欢乐。而这一类的祭祀宴饮、游行活动，一般来说，是带有狂欢性质的，这种狂欢是全民的狂欢，大家不再受生活琐事与责任的束缚，只狂热地释放着自身的欲望。这一刻的欢愉其实就是对人们所生存的第一世界所有规则和标准的反抗和逃离。

对于西方世界来说，“狂欢”理论在本质上就是一种反抗霸权力量、建立一个民主自由的理想世界、张扬个性的文化策略。从古希腊时期的酒神节到古罗马时代的农神节，再到后来的愚人节和各种狂欢节，都充斥着狂欢的本质。所以，即使最初的酒神节一度被罗马元老院禁止，但这并不影响同样具有酒神节文化本质的其他节日流传下来，甚至直接影响了欧洲狂欢文化的形成与发展。尤其是在中世纪，借助于宗教神权的力量，教会在欧洲实行严格的思想和文化控制，主张、提倡节制和禁欲，所以这种狂欢性质的节庆生活在人们的日常生活中就占据着极为重要的地位。相比充斥着各种清规戒律、让人窒息的第一世界的生活，没有那么多条条框框的第二世界更加让人向往。直到文艺复兴运动和启蒙运动之后，狂欢生活才在欧洲民众的生活中开始衰微。狂欢节其实是一个与封斋期相对的节日（人们在封斋期之前举行狂欢节），与封斋期内所提倡的清心寡欲、遵纪守法不同，它往往以举动疯狂、颠覆常规而著称。这些特征都体现了节庆与日常的对立，狂欢与规范的对立。[①]

二、清江翻鼓节的狂欢

清江苗寨的翻鼓节作为一个受众广泛的传统节日，正如西方各种具有狂欢性质的节日一样，是苗族短暂逃离原有社会框架的一个重要渠道。在前文中有提到，清江苗寨的翻鼓节是通过宗教信仰和娱乐活动来吸引苗族民众参与的节日，因此，翻鼓节在某种程度上实现了苗族民众的全民性狂欢。清江苗寨的翻

① 张筠蕾：《试论欧洲狂欢节的起源》，硕士学位论文，华东师范大学，2006。

鼓节是农忙之前苗族人民拥有的最后一次敲响木鼓、吹奏芦笙的机会，是他们在冬天过后的最后一次狂欢。民众在这三天的节日里，尽情地唱歌、跳舞、玩乐，无论男女老少都可以到河边来，一起加入其中。不用在乎日常中应该完成的各种农活或者其他的工作，不用在乎日常中村寨里所约定俗成的各种规则，大家都可以在这三天中短暂地逃离原有的社会规范，尽情地享受这难得的节日时光。

图5.27　苗族老人在吹奏芦笙（田仕摄）

总的来说，因为翻鼓节具有全民性的特点，使得包括清江苗寨及其周边地区在内的所有民众，无论男女老少，都会在翻鼓节举办的三天中，在一定程度上脱离原有的社会结构，进入平等、自由、狂欢的第二世界，能够更加自由地施展自我个性、表达个人意志。这一点对于中国人来说是非常重要的。苗族虽然是与汉族拥有不同文化的少数民族，但是在千百年来的历史中，苗汉两族都是生活在同一片土地上的，以儒家文化为典型代表、强调纲常伦理和道德秩序的汉族文化，逐渐被苗族所吸收、接受。自然而然地，苗族在文化习俗上也带有汉族文化的特点，例如敬天法祖、男主外女主内等约定俗成的文化传统。

对于男人们来说，他们在翻鼓节举办期间可以不用下地劳作。适婚的男子还可以在节日庆典中，特别是在跳木鼓舞的时候结识其他地方的漂亮姑娘，与她们谈情说爱；年老的或是已婚的男人则可以去参加或者观看激烈的斗牛比赛。对于女人们来说，她们在这几天中终于可以不用操持家中杂事，翻鼓节是她们一年之中为数不多的可以尽情玩耍的日子。一般来说，由于贵州多山地、沟壑的地形地貌特点，交通出行极为不便，女性是很少有机会出门的，平常的活动范围也就是在本苗寨及周边地区。然而到了翻鼓节这天，只要有心，所有的女性都可以踏出家门，离开村寨，来到清江苗寨参加此次盛会。翻鼓节为女性提供了一个玩耍娱乐以及开阔眼界的机会，不再只局限于本村那一方小天

图5.28　苗族姑娘参加翻鼓节的跳木鼓活动（黄晓海摄）

地，这是她们难得的娱乐机会，为她们枯燥乏味的日常家庭生活添加一份难得的乐趣。在翻鼓节期间所举办的各项活动之中，特别是唱歌比赛和跳木鼓舞等项目，对于女性来说都是极其具有吸引力的。

随着社会关系以及生产力的不断发展变化，即使是清江苗寨这样一个最开始一穷二白，据说是因敌人追赶而被迫来到黔东南大山深处定居的苗族分支，也在一代又一代人的辛勤劳作之下，不断向外开拓，发展本寨实力。而在清江苗寨不断发展的过程中，不可避免地就会出现勤劳者越加富裕、懒惰者更加贫穷的局面。这种逐渐显露出来的贫富差距发展到最后，就会导致阶层分化。在清江苗寨这个小单位的社会群体中，按照财富和权力对所有人进行阶层划分，从而形成若干个具有不平等性质的社会等级阶层。在日常生活中，大家都处于这种现实的不平等状态之下，无法挣脱。但是，在翻鼓节的这几天里，这种无处不在的不平等关系将被节日的氛围所消弭。翻鼓节一般都会举行很多的娱乐活动，跳木鼓舞、斗牛、赛歌等，是苗族民众最为喜爱的娱乐活动。在活动开始之前，许许多多的苗族民众就早早地在活动场地边缘等待。在这种场合里，所有人都不去探究周围人的家境贫富，不去在意社会等级差异，大家在这一刻都是观赏者，都是普普通通的喜爱着跳舞、唱歌、斗牛这些活动的一员。所有人都可以一起品评舞台上的表演，一起大声地谈论、欢笑。在观看这些活动的时候，清江苗寨还流传着一个禁忌：在翻鼓节举行期间，无论是艳阳高照，还是刮风下雨，所有人都不可以戴帽子或者是打伞。这是因为如果有富人站在围观群众的前排，却出现戴帽子、打伞的情况，会导致后排的人看不见场地中心的表演、比赛活动。这种偏向穷人的规定，在一定程度上来说，是对原有社会秩序的挑战。但因为这是在翻鼓节期间才存在的临时性规定，却又因为节日的热烈气氛而得到了既定规则的谅解。所以这种因翻鼓节而短暂存在的反秩序性行为，在束缚重重的日常生活中，更加显得难能可贵了。

清江苗寨的翻鼓节和西方的狂欢节都是民众冲破日常社会秩序的枷锁、抒发对幸福与自由向往的渠道。但是，相比较来说，清江苗寨的翻鼓节还是比西方的狂欢节更加有秩序一些。翻鼓节的反规范性仅仅局限于对日常生活秩序的反抗，总体来说，还是积极向上的，而不像酒神节和狂欢节那样，充斥着癫狂、放纵的情绪。

图5.29 一名苗族姑娘欢快地参加翻鼓节活动（黄晓海摄）

第四节 翻鼓节的教化

教化，从哲学意义上来说，是人进行作用于人的全部行为。人类进行的全部行为，无论这种行为是在什么情况下、以什么形式发生的都对人产生了作用，这种作用表现为人的思想意识的改变。当人的某一行为在现实中与自然的赋予产生背离的时候，人就会在人的行为中得到教训；当人的行为与自然的赋予有了协调的关系时，人就会在人的行为里得到启发。只要是人的行为作用于人的本身，就有人的教化进行。从文化意义上来说，主要指的是儒家所提倡的

“政以体化，教以效化，民以风化”。这就可以看出，教化一般是作用于人的精神层面，特别指对一个人品德修养方面的作用。因此，教化和道德教育是紧密相连的一对概念。对于个人来说，个体的教化是为了让个体的本性和所教的内容相互协调，从而达到引导个体积极向善的目标。但对于一个群体社会来说，社会教化更加注重的是从细微之处潜移默化，形成一个巨大的具有传统特色和本土特色的社会文化领域，使得个体与集体相互协调，规范人们的生活，构建更加和谐的美好家园。

另一方面，民俗又称民间文化，是指一个民族或一个社会群体在长期的生产实践和社会生活中逐渐形成并世代相传、较为稳定的文化事项，可以简单概括为民间流行的风尚、习俗。同时，民俗文化也是某一民族或群体在其历史发展过程中创造和发展起来的具有本民族特色的文化，其中包括物质文化和精神文化。民俗是人民传承文化中最贴切身心和生活的一种文化——劳动时有生产劳动的民俗，日常生活中有日常生活的民俗，传统节日中有传统节日的民俗，社会组织有社会组织的民俗，人生成长的各个阶段也需要民俗进行规范。民俗文化作为民族长久发展历史中自然形成的文化特征，对每一个社会成员都具有潜移默化的教育作用。

翻鼓节作为清江苗族最为重要的一个传统节日，自然也是清江苗族民俗文化中非常重要的一个组成部分，对于清江苗族的社会成员自然也具有重要的教化意义。

一、敬天祭祖

清江苗寨翻鼓节中最为重要的就是木鼓祭祀仪式。翻鼓节举办的第一天，每家每户都会将自家的木鼓从堂屋神龛后面的小屋子中请出来，先在家中由大家长带领家中众人祭祀之后，才会被抬到河边，开始今年的翻鼓节活动。随着时代的发展，木鼓的祭祀活动也从各户人家的单独祭祀，转变为由翻鼓节的主办委员会来主持的大型集体祭祀。但是翻鼓节祭祀木鼓的本质意义没有丝毫改变，仍是表达对祖先的尊敬和怀念。这主要是因为翻鼓节的核心道具——木鼓，在它的起源传说中就很明确地表明了，木鼓具有沟通祖先神灵的作用。当敲响木鼓的那一刻，苗族民众就可以将对祖先的尊敬以及对未来的美好祈愿都传递给天上的祖先，而祖先也会保佑他的子孙。

因此，翻鼓节重视祭祀的传统其实是苗族人民敬天祭祖思想的一个重要表现。其中，“敬天祭祖”中的“天”代表的就是人们赖以生存的自然环境，结合苗族万物皆有灵性的观念以及人类祖先姜央是由蝴蝶妈妈孵化出来的人类起源传说，可以看出苗族尊重自然、构建人与自然和谐相处的思想。而“祖”字，指代的就是苗族的先祖。无论是从苗族各支系的生存繁衍，还是从翻鼓节的由来来看，苗族祖先在苗族的历史发展中都起到了极大的作用。所以，相比汉族祖先和神灵并重的习俗，苗族还是单纯祭拜他们的祖先。“祭祖”还衍生出了“孝亲”的概念。随着时间的流逝，亲人们总会成为神龛上所供奉的灵位，成为下一辈祭祀的祖先。在人们恭敬地祭拜祖先的时候，不可避免地就会激发起对亲人的孺慕之心，也更添孝顺之意，这一切发自人们内心的情感都是借由翻鼓节的祭祖活动来抒发的。反过来，翻鼓节庄严肃穆的祭祖活动也会将“敬天祭祖”“孝亲”这些概念以更加直白、不可逃避的方式展现在所有人的面前，使得这些概念能够更加深刻地留在人们的脑海中，并一步步影响人们的日常行为规范。

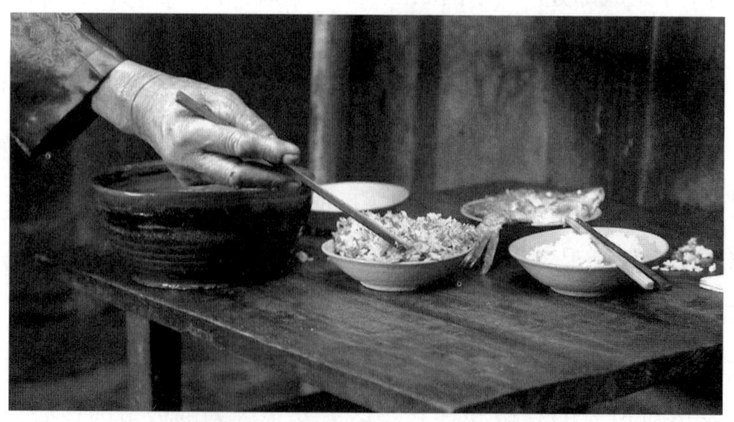

图5.30　翻鼓节期间要用五彩糯米饭祭祖祭鼓（清江村村委会提供）

二、自我认同与文化保护

在现代社会中，随着全球化和社会信息化的不断发展，全球各地区、各民族的文化不可避免地陷入了同质化的危机中，越来越多的区域文化和民族文化受到压制。这就使得自我认同、文化认同等问题受到越来越多的关注。而对于从别处迁移到贵州丹寨地区的清江田氏苗族来说，为了保持自我族群的团结和凝聚力，就必须在族群内部从文化上和血缘上树立超强的自我认同。

从田氏苗族的起源传说来看，我们可以大致了解，田氏苗族是从中原地区经江西逐渐迁移到贵州的。从其世系图谱以及当地人的回忆来看，田氏苗族在清江村周边一共繁衍了二十余代，这就可以推算出田氏苗族大致是在明末清初时迁徙到此地定居的。当时的田氏并不像我们现在所看到的这样独占整个清江村区域，它还需要与周边的村寨相互竞争和协作，同时还必须警惕来自汉族的压力。在与其他少数民族和汉族的交流中，田氏苗族的文化传统不可避免地就会受到其他民族文化的影响。面对此种危机，田氏祖先率先通过举办翻鼓节的方式，反向吸引其他地区或者是其他民族的人来了解自己的文化。这一特点在现代社会仍然具有强大的作用，经过旅游开发，清江村的翻鼓节吸引了很多外来游客来此欣赏风格独特的苗族文化。在近现代社会的发展进程中，特别是中华人民共和国成立之后，因为种种原因，清江村的翻鼓节被废弃了很长一段时间，甚至大部分的木鼓也被焚毁。但是为什么到了现代，人们又开始庆祝翻鼓节了呢？这主要是因为，清江村为了更好地发展当地的旅游业和促进当地经济的发展，将从祖宗“仓库”中翻找出来的旧材料进行再加工，并重新构建出了新形式的传统。[①]

翻鼓节作为一个在丹寨、雷山、麻江、凯里等地的一些少数民族村寨中都十分盛行的节日，对于苗族——特别是对于清江村的田氏苗族——来说，是一年当中最为重要的一个传统节日。前文关于苗族翻鼓节来源的论述中，我们

① 霍布斯鲍姆、兰杰编《传统的发明》，顾杭、庞冠群译，译林出版社，2008，第6页。

就有提到，在丹寨县和清江苗寨这两处地方，对于翻鼓节的起源问题有两种不同的意见。一种是丹寨苗族普遍认同的观点，翻鼓节是由鼓藏节演变而来；另一种是清江村田氏苗族的观点，认为翻鼓节是由其祖先率先创立，而后流传到其他苗寨的。田氏苗族一直以来都声称，他们的祖先是最先提倡并组织举办翻鼓节的，清江苗寨是翻鼓节的发源地。对田氏苗族来说，翻鼓节的意义更加重大，甚至超越许多在其他苗寨中分外重要的传统节日——苗年、四月八、姊妹节、祭桥节等——成为清江苗寨一年中最为重要、隆重、盛大的节日。与年年举办的清江苗寨翻鼓节不同，雷山的鼓藏节是周期性举办的，一般13年一次。田氏苗族认为，在清江苗寨成功举办翻鼓节之后，其他的苗寨也跟着举办翻鼓节。但是频繁举办翻鼓节会导致人们无心生产，便遭到了田氏苗族寨老的强烈抗议和反对，于是其他苗族就改为庆祝鼓藏节，并且是几个苗寨轮流举办。不管清江苗寨周边的苗寨是出于什么样的心态和原因，不与清江苗寨一样过翻鼓节，但是这种行为较为明显地将清江苗寨和其他苗寨划分开来，使得田氏苗族对自己的历史文化更加具有自豪感，加强了对自身文化的认同感，从而对提高本族群的集体凝聚力和区域文化控制力都起到了积极作用。[①] 特别是翻鼓节作为一个区域性节日，自然而然会受到清江苗寨及其周边地区苗族民众的关注。面对这种全民性的盛会，不仅是清江苗寨的田氏苗族自豪于自己祖先智慧的伟大，对于黔东南地区的所有苗族村寨来说，也是十分激动人心的。这种对翻鼓节的认同感和自豪感，成了维系黔东南各个苗族支系村寨的一条强有力的纽带，极大地增强了苗族群众对于本民族的认同感和归属感。反过来，因为苗族民众的认同而被更加注视的翻鼓节，也通过各种丰富多彩的节日活动使得每一个来参加翻鼓节活动的苗族民众得到熏陶和教化。

---

① 程宇昌：《清代民间庙会文化与地方社会发展建构：以鄱阳县张王庙会为例》，《南昌大学学报》（人文社会科学版）2018 年第 6 期。

另一方面，木鼓作为清江苗寨的特色乐器，对于传承苗族文化也起到了重要的作用。不同于鼓藏节的木鼓是由枫树制造而成的，清江苗寨的木鼓则是由清江本地独有的金丝楠木制造而成。由于原材料的特殊性，现在已经没有制作新的木鼓了，只有一些残存下来的古物。因此，清江苗寨每年举办翻鼓节的时候，不仅可以极大地丰富清江苗寨村民们的精神文化需求，还能够在使用中保存木鼓的存在痕迹，让后人知道木鼓这种清江田氏苗族独有的民族乐器。

图5.31　儿童也会盛装参加翻鼓节活动（黄晓海摄）

三、敬授农时、指导生产

清江苗寨的翻鼓节从每年农历二月的第一个亥日开始，连续举办三天，活动结束之后直到重阳节才重新祭鼓。翻鼓节最初的愿景之一就是希望年轻人们不要荒废时光，尽早从冬日的懒散中脱离出来，抓紧农时，认真劳作，以确保当年的大丰收。翻鼓节有一个礼节，就是只有在重阳节祭鼓之后，人们才可以开始光明正大地谈情说爱，举行吹芦笙、跳木鼓等活动，然后再一直玩乐到第二年农历二月的头个亥日，祭鼓之后，所有人都不能再吹芦笙、跳木鼓了。所以每年农历二月和农历九月的翻鼓节，对于苗民来说就标志着一年中农忙和农闲时间的开始和结束。翻鼓节的狂欢结束后，人们就必须彻底抛弃冬日里的闲散心态，开始积极地投入到繁重忙碌的劳作之中；而到了农历九月，正是收获的季节，辛苦劳作整整七个月的回报就在眼前，当然要欢歌笑语、纵情玩耍了。因此，翻鼓节对于清江苗寨的村民们来说，就不只是一个拥有悠久历史传承的苗族传统民俗节日那么简单了。翻鼓节在某种意义上成了划定农忙和农闲时序的标准，也可以看作是苗族独有的岁时节令。

所谓岁时节令，也被称为岁时、岁事、时节、时令等，是人们在社会生活中约定俗成的一种集体性习俗活动。各种岁时风俗活动的产生，显示了我们的祖先对自然运动规律的认识与把握，探究其根源，即是人们祈盼五谷丰登、人畜两旺、岁岁平安。就像翻鼓节一样，基于清江田氏苗族先祖对天时等自然规律的深刻认识，田氏苗族认为每年农历二月的第一个亥日之后，无论是从雨水、温度还是从土壤、阳光等方面来看，都是黔东南地区最为合适的水稻播种时节。按照这种时序划分进行耕作播种，往往能够得到一个令人满意的收获。

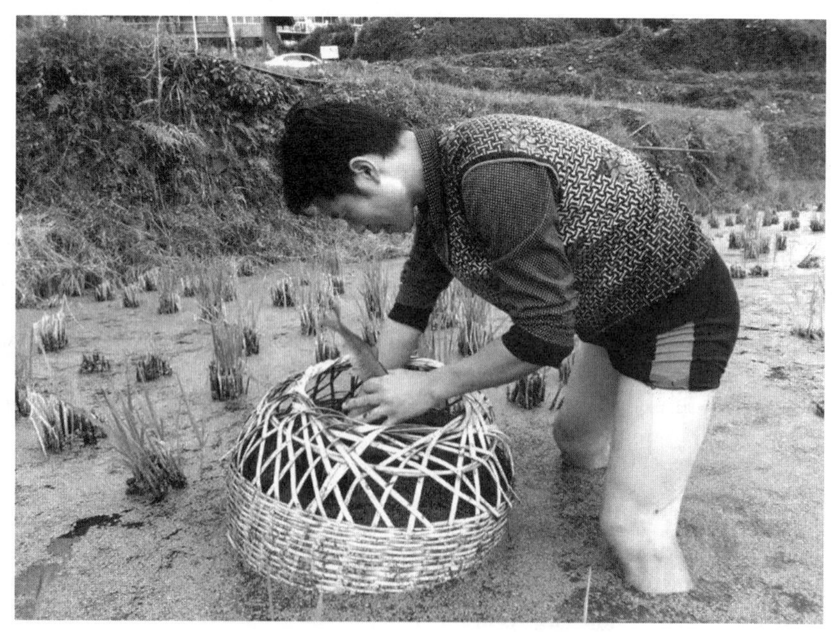

图5.32　村民在稻田中捉稻田鱼（田仕提供）

但由于苗族仅有语言没有文字，加上苗族整体的文化程度偏低，单单知道什么时候应该播种对于广大的苗族民众来说，还是很不实用的。因此，清江苗寨就通过召集村寨中的所有人一起欢庆翻鼓节的方式来告诉那些不能清晰记得农时的苗族同胞，在翻鼓节过后就可以开始耕种劳作了。

总体来说，翻鼓节对于普通的苗族民众来说，是一个很好的调整心态的机会。翻鼓节将民众农闲与农忙时的心态转换，通过一场节日的狂欢引导出来，在避免他们因时序调换而茫然的同时，也极大地填补了因整日忙于农事而略显枯燥无趣的日常生活的空缺。

四、人际交往

传统的民俗节日是促进社会群体中人际关系和谐融洽的重要契机。在我国传统的农业社会中，国家长期提倡一种“五口之家、鸡犬相闻、自给自足”的家庭生活状态，这就直接导致了如果不是一些生活必需品的缺失，如盐、铁制农具等，一个家庭可以一直不与其他人往来。同时，由于古代社会缺少进行社会基础建设的概念，所以大部分地区的交通极其不便，人们的生活范围极其局限、闭塞。因此，一些民俗节日就成了除赶集和婚丧嫁娶之外，最能够让个人扩展人际交往范围的机会了。

以清江苗寨的翻鼓节为例，翻鼓节在清江苗寨及其周边地区都拥有无与伦比的影响力和号召力，是一个区域性、全民性的盛大节日。许许多多的苗族群众在翻鼓节举办期间来到清江村，有的人参与到跳木鼓、斗牛、赛歌等活动中，有的人则是单纯地来观看这场盛会。在翻鼓节所举办的活动中，每个人都可以通过各种各样的方式认识来自其他村寨的新朋友，并以这些活动为主要话题开始热切的交流。

图5.33　翻鼓节兼具婚恋功能，姑娘们极其注重装扮（黄晓海摄）

当然，在所有人际关系的扩展中，最为重要的就是婚姻对象的发展。特别是在翻鼓节的跳木鼓活动中，有着明确的规定：只有未婚的年轻男女才可以参加跳木鼓和吹芦笙活动。这主要为了给年轻男女创造一个认识彼此的机会。通常，一对年轻男女在翻鼓节第二天的跳木鼓舞活动中相识，在第三天游方坡对歌活动中加深对彼此的了解，如果双方达成一致的话，那么很快他们就可以结成连理，过上幸福的生活。综上所述，翻鼓节其实也是一个为未婚青年男女提供认识机会的大型相亲现场。民众也可以借此机会认识很多从其他苗寨赶来参加翻鼓节的人，拓宽自己的交际范围。

五、行为规范

生长于乡土文化的传统节日蕴含着浓厚的乡土气息，是乡土社会中天然的德育资源，发挥着道德教化的作用。特别是在学识教育极其不发达的清江苗寨传统社会之中，节日是社会成员获得道德教育的主要途径。特别是一些节日禁忌，更是对人们的日常行为起到了一定的规范作用。

同时，在与现年 34 岁的清江村村主任田如能的交谈中，我们还了解到了很多在翻鼓节举办期间的禁忌。翻鼓节期间，村民们会将木鼓请到广场去敲，让未婚的女孩子们跳鼓玩乐。跳鼓的时候不管是晴天还是雨天，所有人都不能打雨伞。如果想躲雨就必须回家去。传说，如果有人在举办翻鼓节的时候打雨伞，就会对清江苗寨这一年的气候造成不良影响，影响大家的收成。另外，举办翻鼓节的主要场地——翻鼓场，是具有神秘的力量的。如果某人在翻鼓场打雨伞，这个人就会断子绝孙，或者不能儿女双全；如果男孩女孩都有了，那么他们的下一代也会深受影响，不能子孙满堂。很久之前，有一个人在翻鼓场打着雨伞看表演了，寨老就劝其不要这样做，但这个人不听劝，执意打伞。三五年后，他和自己的妻子一直都没有孩子。至此他才相信原来翻鼓节不能打伞的传说禁忌是真实的，之后他每年去翻鼓场的时候都会流下眼泪，对当初打伞的行为后悔不已。现在我们无法判断这一故事的真实性，但能够确定的是，因为这一禁忌的存在，清江苗寨举办翻鼓节的时候，无论是艳阳高照还是刮风下雨，都没有人敢挑战禁忌的权威，执意去打伞的。①

图5.34　烈日之下，无论男女老少，清江村的村民们都没有打伞（田仕摄）

① 与田如能的访谈记录，地点：清江村村委会，时间：2019 年 7 月 2 日。

从传说诅咒的角度来看，翻鼓节举办期间不能打伞的禁忌带有几分神秘色彩。但是，如果是从道德教化的角度来看，对于这一禁忌，我们就会有另一番认识。据我们在清江苗寨收集到的资料来看，在很久以前，清江苗寨的翻鼓节活动是由穷人和富人一起举办的。那些富人一定是穿着华丽的衣服站在人群的前列，而穷人只能够站在后面。如果允许大家打伞的话，那么前面打伞的人总会挡住后面的人的视线，后面的人就无法顺利地观看比赛活动。而且，一般富人打的都是直径 1.5 米的大伞，相较于普通人家或者是穷人家的伞来说，就太大了，这样就会把其他人的视线全部遮挡住。为了避免前排富人的大伞遮挡后排人的视线，所以直截了当地制定了翻鼓节举办期间不得打伞的规定。这主要是为了教育民众，要懂得互相体谅。倘若一个人因为到得早站在了前列，却又因为不耐太阳的暴晒或者雨水的敲打要打伞，这不就遮挡了后排民众的视线，让他们看不到前方的表演了吗？

图5.35　烈日下观看斗牛比赛的时候，所有人都没有打伞（田仕摄）

另外，由于清江苗寨的村民们都属于田氏家族，基本上都存在着亲属关系。即使因为各自家庭财富的多寡而被划分到了不同的社会阶级，但是他们的血缘关系是斩不断的。观看翻鼓节表演的时候不能打伞的规定，在某种程度上削减了田氏苗族内部的贫富矛盾，促进了田氏苗族内部的团结融洽。

在清江苗寨，有关翻鼓节举办期间不能打伞的禁忌，还存在另外一种说法。相传，清江苗族举办翻鼓节所使用的木鼓、芦笙等乐器，都是天上的祖先们赐予的宝物，具有莫大的能量，所以每年举办翻鼓节的时候，村民们都会通过木鼓和芦笙的神力到天上去和祖先们一起跳鼓，一起玩耍。但是，有一年举办翻鼓节的时候，有一名村民的女儿因为没有参加跳鼓就待在家中，却不想有老虎跑到家中想要伤害她。但是由于这名村民在天上与祖先们跳鼓跳得太开心了，没有及时赶回家中救援，所以他的女儿就被老虎咬死了。父亲非常悲伤，十分懊悔，到了举办翻鼓节的时候，他再也不去跳鼓了，只是不停地哭泣。因此，后来大家都认为每年农历二月下雨，是这位父亲又在为自己的女儿而伤心哭泣。村里人为了表达对这位父亲的尊重，便规定在举办翻鼓节期间，都不可以打伞或者是带斗篷。[①] 虽然都是有关翻鼓节打伞禁忌的传说，但是这个传说与上文所提到的打伞禁忌与平衡村民之间贫富差距有关的说法不同，它从更加温情的父女亲情的角度来劝说众人遵循这一规定。从表面上来看，翻鼓节不能打伞的禁忌是因为村里人需要向一位失去女儿的父亲表示尊敬，但是再仔细思考一下，就可以看出，村里人与其说是尊敬这位父亲，不如说是要通过这位父亲的事例来警醒后人。这位父亲失去女儿的原因，归根结底是因为他沉迷于翻鼓节的跳鼓活动而忽略了其他，否则怎么会在女儿遭遇危险的时候，不能够及时地赶到女儿身边救助她呢。因此，对于其他的村民们来说，这位父亲所有的眼泪、懊悔和痛苦都是在警醒他们在翻鼓节期间不要过分沉迷享乐，如果沉迷的话，他们可能也会像这位父亲一样失去自己的家人或者是其他对自己极为重要的东西。

① 与田仕的访谈记录，地点：清江村村委会，时间：2019 年 10 月 18 日。

其实从翻鼓节的由来也可以看出，翻鼓节除去敬祖祭祖和娱乐的功用之外，最重要的功能其实是敬告农时。每年农历二月之后，对于黔东南地区的农民们来说，是最适合种植水稻的季节。所以大家都集合起来，在农历二月初举办翻鼓节，告诉所有人，农忙时节要开始了，大家不能再沉浸在冬日的无所事事和享乐中了。这与上面所述的打伞禁忌的告诫意义不谋而合。村民们只是将整个翻鼓节警醒众人要收心去努力劳作的作用和观念，浓缩在一个小小的打伞禁忌的由来传说中，让大家从传说中那位父亲悲惨的遭遇中知道沉迷享乐所带来的严重后果，督促众人不要沉迷享乐，要努力劳作，只有这样才会拥有美好的未来。

总的来说，翻鼓节通过各种禁忌来约束人们的日常行为，并使其凝练为一定的社会道德规范，进而起到了稳定社会秩序的作用。这种潜移默化的教育，在一定程度上更加易于接受，并让民众自觉地服从这一规则的教化。

第六章　传说与生活

清江村隶属黔东南苗族侗族自治州丹寨县，东部为丹寨县南皋乡石桥村，西部为麻江县宣威镇卡乌药谷江村，北部为凯里市舟溪镇情郎村情郎山的南端，南部为丹寨县兴仁镇窑货村窑货大岭岗的北端。这里是苗族聚居地，其山形地貌是一个独立的地理单元，也是一方自成一格的苗族文化单元，流传着属于清江苗寨的传说，讲述着清江苗寨的故事。

图6.1　贵州省丹寨县南皋乡清江苗寨全景（黄晓海摄）

第一节 清江苗寨的传说

传说是一个地区的“活化石”，是有关历史事件、历史人物及地方风物的故事；是在文字尚未发明的时代，人们对历史口耳相传的记录；是劳动人民智慧的结晶和本土民间文化的精华；是民间长期流传下来的对过去事迹的记述和评价。钟敬文先生在《民间文学概论》一书中，把传说定义为：“由人民创作的，与一定的历史人物、历史事件和地方古迹、自然风物、社会习俗有关的故事。”[①] 他认为传说代表着民众对历史发展过程中各种事件的看法和表达，是人民群众“口传的历史”。在人类发展进程中，由于自然环境和社会环境的差异，民族间有着不同的生活方式及文化传承。传说作为一种普遍存在的文化现象，以其深厚的历史渊源刻印在民众的日常生活中。不同民族的特殊习性在一定程度上决定了其信仰的差异，“他们（中国的绝大多数民众）是不属于任何一个宗教的信徒，但却虔诚信奉着不止一个神灵。”[②] 苗族人民的信仰更是有其鲜明的民族特色，传播着他们对各种神灵的无限崇拜。

一、巨石传说

自然崇拜是指人们把自然界中的某种事物视作是一种超自然的存在，赋予其生命意志和伟大能力，将其作为一种“显圣物”加以崇拜。[③] 它是“人类发展史上最为普遍的共同信仰形式。作为一种信仰的历史形态，它是产生最早，延续时间最长，甚至流传至今，且与人类的生产生活关系至为密切的崇拜形式。”[④] 人必须依赖自然才能生存，在苗族人民的生活中，自然界中的万事万物早已与他们的生活融为一体。在苗族先民的想象力的作用下，支配人们日常

① 钟敬文：《民间文学概论》（第2版），高等教育出版社，2010，第136页。

② 乌丙安：《中国民间信仰》，长春出版社，2014，第1页。

③ 米尔恰·伊利亚德：《神圣与世俗》，王建光译，华夏出版社，2002，第63页。

④ 乌丙安：《中国民间信仰》，长春出版社，2014，第11页。

生活的自然事物被神化，自然界中的一切事物都具有了神圣性，成了被信仰和崇拜的对象。苗族的自然崇拜是一个多神体系，对象广泛。在清江苗寨当地流传的故事中，田氏苗族对天地、树木、山洞、日月、巨石等自然物的膜拜尤为突出。

巨石是苗族人自然崇拜中最普遍的流传对象之一，清江村流传着许多奇石的传说。大寨的背后有一块将军石，敌人每次由麻江、凯里攻打清江时，只要经过那块石头，就会听见千军万马的声音。多雨的天气导致村寨周围的山上烟雾茫茫，敌人看不清村寨内部；当好天气准备攻打时，就会突然下暴雨或是起大雾，加上清江村砖石众多，敌军不敢轻举妄动，最后只好放弃攻打清江苗寨的计划。

图6.2　清江村在下雨时一般都会有云雾朦胧的天气（伊明摄）

为了防患于未然，村民还在从清江苗寨去麻江县、凯里市的必经之处设立了关卡，关卡上方是山岭，山上是石头，下方是河流，地理位置优越，所以此处所设关卡，也被称为关门岩。当有战事时，守卫就会吹响牛角，让大家知晓有敌人进攻，或是藏起来，或是在滑石板上准备石头，做好应战准备。传说有个门卫在敌人进攻时，因为自己的疏忽使村民遭受损失，最后内疚而死，并变成了石头。此后，每遇到敌人进攻，石头就会自动响起声音警示村民，让其做好应战准备，保卫清江的平安。于是，后人就称这块石头为忠卫石。

图6.3　清江村山上的巨石（伊明摄）

之所以产生巨石的传说，很大程度上是因为在战争中石头可以起到攻击的作用。清雍正六年（1728 年）以后，因实行“开辟苗疆”的计划，清军以“改土归流”为名，对八寨、丹江等“生苗”地区的苗民实行武力镇压，激起当地苗民反抗，南皋乡一带作为军事要塞，牛羊几乎被清军抢光，田土也归屯军所有。[①] 为抵抗清军的炮火进攻，清江当地百姓一方面依靠地形地貌的优势设立哨营盘所，在战争开始前做好应战准备，并利用多雾多雨的天气优势在战争发生前进行躲避隐藏。如位于兴仁镇翻杠村的猫鼻岭营盘遗址就发现有哨所两处，猫鼻岭营盘遗址是苗民为奋起抗争而建立的军事设施，是当地苗族人民

① 贵州省丹寨县地方编纂委员会编《丹寨县志（1991—2015）》（下），方志出版社，2016，第 853 页。

抗击清政府压迫和统治的佐证。[①] 另一方面村民又利用地表崎岖破碎、山石众多的优势，在高处的山坡上设有滑石板，并以石头为武器阻挡清军进攻，起到了很好的防卫作用。苗民在生活中通过想象赋予了自然事物人格化的力量，巨石传说产生的原因有很多，"但并不是所有的自然现象都是神灵，而是与人类有密切关系的自然现象。"[②] 正如宗教学家伊利亚德所说，"正如我们早先已经说过的那样，一块圣石之所以受到崇拜正因为它是神圣的，而不是因为它是一块石头。正是通过石头存在的模式而表现出的神圣性，揭示了这块石头的真正本质。"[③]

二、鬼神传说

苗族人极为崇拜鬼神，认为万物有灵，在苗族的宗教观念中，灵魂分为"生魂"和"亡魂"或"鬼魂"。灵魂在一定含义上是指附在人的躯体上作为主宰的一种非物质的东西，灵魂离开躯体后人即死亡，《楚辞·九章·哀郢》："羌灵魂之欲归兮，何须臾而忘反（返）。"所以"人类最初的信仰是从自身开始的，如对梦境和死亡的不解，导致人们相信人是由肉体和灵魂组成的，灵魂附着在肉体上"。[④] 当地苗民认为活人"落魄"就会生病或死亡，要"喊魂"，而祖先的灵魂能保佑子孙，供奉祖先的灵魂可保佑家中好运不断。因此，清江村流传着许多有关鬼神的传说，反映在民众的日常生活中，在以供奉神灵为宗旨的各项祭祀活动中展现出来。

人是由躯体和灵魂结合而成的，而只有灵魂与肉体达到和谐同一的状态，才能成为一个正常的人。当地苗族人认为"生魂"是与肉体结合在一起的，灵魂一旦出逃，肉体将没有任何作用，活人就会死亡。儿童的灵魂生性活泼，更

① 贵州省丹寨县地方编纂委员会编《丹寨县志（1991—2015）》（下），方志出版社，2016，第851页。

② 钟敬文：《民俗学概论》，上海文艺出版社，1998，第190页。

③ 米尔恰·伊利亚德：《神圣与世俗》，王建光译，华夏出版社，2002，第63页。

④ 钟敬文：《民俗学概论》，上海文艺出版社，1998，第189页。

加容易脱离肉体外游，如果“投胎”到别处，肉身就会死亡。因此，清江的村民会在“七月半”过鬼节的当天晚上，给自己家未成年的孩子“喊魂”。喊魂的仪式是父母把一个鸡蛋放在手上，然后一直叫孩子的名字，直到鸡蛋在手上自然竖立，就代表孩子的魂收回来了，然后再把鸡蛋放回家中的子孙柜上，三天后让孩子吃掉，寓意孩子在一年内魂魄归身，不会再有出逃的危险。当地村民认为小孩子灵魂出逃是十分危险的，孩子的灵魂如果出走到别家，导致对方怀孕的话，自己家的孩子就会死亡，这时就要利用鬼师将孩子的灵魂召回，以保平安。清江村前任村支书田仕还为我们讲述了一个鬼师为小孩收魂，致使自己妻子死亡的故事。之后他还将此事编成了一首歌，大意为：我把别人的孩子叫出来了，却害死了自己的老婆，想到这些我就撕心裂肺。[①]

图6.4　清江苗寨的孩子在吃“收魂”的鸡蛋（田仕摄）

① 与田仕的访谈记录，地点：清江村村委会，时间：2019 年 7 月 1 日。

“鬼魂”则是在人死后脱离肉体而存在的，当地苗民认为人死后会有三个灵魂。人死去之后，直到三天后才会意识到自己已经死去，然后灵魂才会脱离肉身。根据当地村民的说法，人死后第一个灵魂要飞到天上去跳芦笙舞，尽情享乐。跳舞是一种放松的方式，村民在去世前每天都要进行繁重的农业劳作，只有死后才能摆脱劳作的束缚，尽情玩乐。

图6.5 翻鼓节时的盛装狂欢（黄晓海摄）

第二个灵魂回到中堂，在家中享受子孙后代的供奉。为了引魂回家，亲属要在人死后的第三天，带上甜酒、香、纸到坟上召唤死者的灵魂回家。通过“你的命只有这么长，虽然你离开了我们，我们来叫你回家啦。你起来，来这里洗礼，来这里烤火，我们来喝酒吃饭，带上你的荣华富贵和金银财宝和我们一起回家”[①]这一类的话语，达到呼唤祖先灵魂回家和护佑子孙的目的。当地村民特别崇敬祖魂，认为祖魂能够保佑子孙，所以在平时用餐时会在餐

① 与田仕的访谈记录，地点：清江村村委会，时间：2019年7月1日。

桌在多放一双碗筷，让祖先先食。“先祭而后食”是生活中的一种习惯，逢年过节更是如此，多数人家还在堂屋的右下角设香火神供奉祖宗神灵。

图6.6　村民供奉祖先的中堂（石凯月摄）

图6.7　村民供奉的祖先神位（石凯月摄）

第三个灵魂则留在墓地守护坟墓。村民认为，人死后其中一个灵魂会留在坟墓上，所以清明节祭祀祖先的仪式十分重要。在清明节祭祀仪式时，子孙会在早上携带吃食在坟墓前呼喊其名字，让其出来吃饭，祖先的灵魂会变成蜘蛛、蛇等动物出来享用，享用后保佑子孙平安好运。如果子孙祭祀的时辰较晚，祖先在别家吃了饭，这一年就不会受到祖先庇佑。更有传闻说，有一户人家的伯公死后埋在自家爷爷旁边，后来因坟头的半台超过了界限，所以伯公家的孩子个个住院生命，差点失去生命，后爷爷托梦告知子孙要把半台拆了，之后才逐渐没事。[①] 鬼神传说是在“万物有灵”等观念的基础上产生的一种敬畏和崇信，作为当地苗民精神世界的一部分，已经渗入民众的日常生活和日常行为之中。

图6.8　清江苗寨的祖先坟墓（伊明摄）

① 与田仕的访谈记录，地点：清江村村委会，时间：2019 年 7 月 1 日。

图6.9　清江苗寨的墓葬群（伊明摄）

三、祖先传说

《易中天中华史：祖先》中讲道："看清自己，必定先要追根寻源。神话和传说，都是民族的童年记忆，无不隐含着某种文化的秘密和梦想。神的历史就是人的历史，是人类自我认识的心灵史。只要抹去神秘的色彩，我们就能打开迷宫，依稀看见一些真实的东西。"[①] 因此，"中国民间信仰的自然崇拜在发展了万物有灵观念后，各民族不约而同地产生了开创世界的神灵。"[②] 由于缺少文字记载和实证，我们只能从神话传说中建构苗族人民的民族始祖，"在一个民族的故事中，那些日常生活的重大意外事件，是附带插入故事中，或者用以当作故事中的主要情节之发展，部落的神话材料，并不代表该民族关于人种学方面有系统的叙述，但是它也能指示该民族兴趣之所在。这些材料，可以代表该部

① 易中天：《易中天中华史：祖先》，浙江文艺出版社，2013，第 1 页。

② 乌丙安：《中国民间信仰》，长春出版社，2014，第 230 页。

落的‘生活传’”。[①] 关于清江祖先的起源，据当地苗民口述，最早是从中原开始，沿着江西—湖南—贵州的路线，最终迁移到现在的清江村所在地。从苗族古歌《妹榜妹留》和《十二个蛋》两首歌来看，苗族是把蝴蝶看成始祖的。歌词大意为：枫树是万物的生命树，在上古时期生命树被女神妞香砍倒后，树根变成泥鳅，树干变成铜鼓，树疙瘩变成猫头鹰，树叶变燕子，树梢变鹡宇鸟，树心生出蝴蝶，随后蝴蝶就与水泡恋爱，生出十二个蛋，再请鹡宇鸟孵化出龙、虎、水牛、蛇、埃松、雷公和姜央等兄弟。姜央就是苗族的祖先，鸟是孵化出人类的再生母亲，所以鸟是苗族的图腾。

关于清江村祖先起自中原的说法，有两个方面可以验证。一方面，苗族祖先起名姜央，与原始社会末期炎帝后裔部落姜氏相同，其姓名更与周朝祖先后稷之母姜嫄相似。后稷负责管理农事，掌握了丰富的耕作技术，教民稼穑，有功于民，被后世奉为“农神”，其母姜嫄作为炎帝部落的女子，和黄帝部落首领帝喾联姻，被后世尊为“圣母”。苗族为祖先起名姜央，反映了苗族也是炎黄子孙后代的事实。另外，姜嫄作为炎帝部族女子，掌握了部氏部族先进的农业技术，为改变迁徙往来无常处的现象，她每天到田野中去教百姓识别谷物和栽培作物，使百姓从中受益，并逐渐改变了原来的生活习俗及生产方式。苗族人民生活地区山多林密，交通不便，世代以农耕为生，作为教导民众农耕技术的姜嫄确是百姓的祖先。所以姜央作为苗族的祖先，可能确实源自中原地区。

另一方面，清江的苗族属于苗族黔东方言区的一支亚支系——“嘎闹”支系，“嘎闹”是苗语音直译，寓意“鸟的部族”，即是远古鸟图腾部落的后裔。苗族的先祖蚩尤率领的九黎集团曾是东夷集团中的一部分，鸟图腾是农耕民族的原始图腾。少昊的东夷集团里有20多个以鸟为图腾的部落，“羽民”部族，“为鸟师而鸟名”。[②] 上古时期，蚩尤带领九黎氏族部落在中原一带兴农耕、冶铜铁、制五兵、创百艺、明天道、理教化，为中华早期文明的形成做出了杰出贡献，

---

① 吴泽霖：《苗族中祖先来历的传说》，转引自贵州省民族研究所编《民国年间苗族论文集》（内部资料），1983，第148页。

② 中国人民政治协商会议丹寨县委员会编《丹寨故事》，九州出版社，2017，第3页。

河南、山东、河北交界处地区被称为“九黎之都”。所以以鸟作为文化图腾的苗族人民，可能确实来自中原地区。

四、英雄传说

“聪明秀出，谓之英；胆力过人，谓之雄”，所谓英雄一般是指有超出常人能力的人，他们带领人们做出了许多对大家都有意义的事情，或者自己成就了伟大的事业。鲁迅《中国小说史略》：“传说之所道，或为神性之人，或为古英雄，其奇才异能神勇为凡人所不及，而由于天授，或天相者，简狄吞燕卵而生商，刘媪得交龙而孕季，皆其例也。”[①] 祖先崇拜发展到高级阶段就会产生英雄崇拜，并赋予英雄超自然力量。清江苗寨流传着许多英雄人物的传说，其产生的原因大多与苗民起义相关。

早在元代，苗民就已起义反抗。元至正十三年（1353 年），建天坝长官司后，朝廷实行残酷统治，激起各族人民不断反抗。明永乐九年（1411 年）正月，巴榔（今属都匀市）苗族农民反暴，长官司夭阿浪带兵镇压。苗民顽强抗击，夭阿浪被杀死。天顺四年（1460 年），“苗首”赍果发动农民起义，后被镇压，杀死“苗首”400 余名，招抚苗民 9000 余口。[②] 清雍正四年（1726 年），中央王朝决定在贵州实施“开生苗地，改土归流”政策，授以“改土”方略，谓“八家都匀要隘丹江、清江、古州之咽喉，梗化之渠魁。欲靖苗疆，宜从八寨始”[③]，使得苗民起义达到顶峰。为抵抗清军镇压，清江村传说中多有起义军奋勇抵抗的故事。传闻有一位刀枪不入的抗清英雄，名为田叫马，此人身份普通，没有学过功夫，只是力气很大，疾恶如仇，爱护村民。在清军攻打村庄时，他冲锋陷阵，奋勇反抗，打伤多名清军。咸丰五年（1855 年），贵州苗族农民在太平天国起义的影响下，由苗族农民领袖张秀眉领导，又进行了大规模反清起义，此场起义持续了近 18 年，直到 1872 年才被湘军镇压。有关此次起

① 鲁迅：《鲁迅全集》（第 8 卷），人民文学出版社，1956，第 12 页。

② 贵州省丹寨县地方志编纂委员会编《丹寨县志》，方志出版社，1999，第 401 页。

③ 贵州省丹寨县地方志编纂委员会编《丹寨县志》，方志出版社，1999，第 402 页。

义的相关事迹，在当地村民口述的“阿纳与灵芝”的故事中也有体现。传说在太平天国运动期间，清江村遭受清军进攻，一位姑娘在山上摘菜时碰到一个巨大的灵芝，灵芝告诉她：“若想击退敌人的进攻，就将我带上战场，我会变成一把伞为你抵挡刀剑，帮助你获得胜利。”[①] 后来此人果然在战场上大获成功，并成为抗击清军的主力。

除对苗民的残酷镇压外，清王朝还对湘黔交汇处的苗民实行民族高压政策，引起苗民对官府的强烈愤恨。同时，汉族地主和官吏也对苗民进行肆无忌惮的盘剥、欺凌，使苗民饱受苦难。因此，在当地流传的故事中，主人公大多是为百姓做善事、与压榨平民百姓的地主敌对、为贫穷百姓撑腰的英雄人物。英雄者，肩扛正义，救黎民于水火，解百姓于倒悬，无私忘我，不辞艰险，为人民利益而英勇奋斗，清江村的英雄人物无不体现出这些特点。恩格斯说：“一切宗教都不过是支配着人们日常生活的外部力量在人们头脑中的幻想反映，人间的力量采取了超人间的力量的形式。”[②] 一个人物的英雄气概，往往会成为令人解读这一方民族文化品格和精神气质的向导，清江流传的传说就是为了纪念英雄的祖先而诞生的艺术，这些事迹无不闪烁着苗族人民勇敢和智慧的火花，英雄人物的传说也反映了苗族人民的精神品格。

第二节 传说的现实图景

一、与鬼神对话的人——巫师

巫师，俗称“鬼师”，一般是指专门负责各种宗教事务和主持各种仪式活动的人，是人与神灵、人与鬼魂沟通与交流的中间人。古往今来的宗教信仰者

① 与田仕的访谈记录，地点：清江村村委会，时间：2019 年 8 月 12 日。

② 曹婕、黄娅：《试析雷山苗族原始宗教的社会功能》，“改革开放 30 年与贵州社会发展”学术研讨会暨贵州省社会学学会 2008 年学术年会会议论文，贵阳，2008。

总是把人的一切生命过程理解为“灵魂”的某种活动，是灵魂主宰和操控的结果，为了求得更好的生和避免衰老、病痛和死亡，人们便想出了各种办法与“灵魂”发生关系，由此形成了人类最早的宗教信念、宗教感情和宗教行为，也即灵魂崇拜。[①] 为了与鬼神之间建立紧密的联系，人民通常以祭祀的方式献上各种祭品。为了与鬼神“通话”，巫师这一群体应运而生。

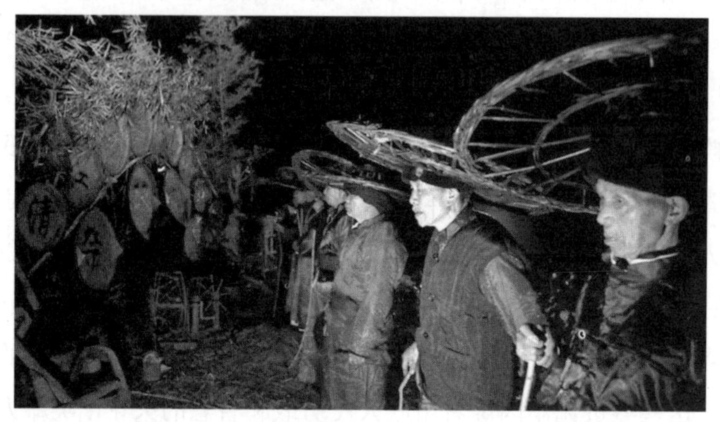

图6.10　翻鼓节之前鼓长老举行祭鼓仪式（清江村村委会提供）

巫师被认为具有与鬼神交流的异常能力，所以在苗族社会历史发展的过程中，掌握着多种多样的职能。苗族贾理（苗语 Jax，意为口传经典）创世篇《制人造侣》中这样描述鬼师的职能：“今后人诞生，将来人繁衍，要来巫觋吃，要来巫师吞。巫吃身就抖，觋吞体就摇，吃了能察鬼，吞了能识邪，就能祈鬼神，就能禳邪煞，就成吞蜡觋，就成蒙面巫。”[②] 认为鬼师可识鬼神、驱邪煞。乌丙安在《中国民间信仰》一书中写道：“鬼师的职能也可以大体区分为二：一是兼

① 吕大吉：《宗教学纲要》，高等教育出版社，2003，第 47 页。

② 王凤刚收集整理译注：《苗族贾理》（上），贵州人民出版社，2009，第 107—108 页。

司跳神、信神、通神，实行巫术，主持祭祀，驱邪医病的；一是专司祭神，不施巫术，不能通神的。”[①] 罗宗志也认为：“祭师、巫师、萨满、巫医、法师都是宗教仪式的主持者，只是司职不同。祭师主要主持公共仪礼，巫师、萨满、巫医、法师主要是替人治病、占卜、行巫。巫师是总称，祭师、萨满、巫医、法师不过是巫师因其司职与特征因社会条件不同而获得的不同称呼。”[②]

清江的鬼师也在民众日常生活中充当着驱邪治病的角色。过去，苗族尚鬼信巫，当地苗民极为崇信形形色色的恶鬼善神，山崩、土垮、树倒、蛇蚁进家等自然现象，都被认为是鬼神加害于人的预兆，要请巫师祈禳。如果出现病伤、怪异或灾难，就请巫师“查鬼”和“用鬼”。[③] 苗族贾理《祭公祀奶》的故事就描述了这样一幅场景：

> 且说那楚公，且说那党奶，已然成年高，已然到寿长，耳朵就发热，头脸就发乌。叫水牛带布筋，叫水牛拿布条，拿去五指岭，带去五峰坡，拿给定拉卜，带给定圣瞧，有何鬼作难，有何邪作祟，咱好为父祈，咱好为母禳。[④]

根据田仕口述：六七年前，在新村有一户人家的母亲生了病，去医院吃药、打针，怎么都治不好，于是请鬼师过来举行仪式，杀了一只鸡和一只鸭，病症才慢慢变好。一般来说，村民们认为一旦村中遭受灾难或是村民患上疾病，都是上天降下的惩罚，唯有鬼师可以帮他们驱赶灾祸。此外，鬼师也在民众的日常生活中充当着通神旨意的职能。田仕还跟我们说了一件事：清江村有一位村民，从来不信鬼师，决定去看一看鬼师的真假，那个时候他只有一个孩

① 乌丙安：《中国民间信仰》，长春出版社，2014，第 202 页。

② 罗宗志：《信仰治疗：广西盘瑶巫医研究》，中国社会科学出版社，2012，第 50—51 页。

③ 贵州省丹寨县地方编纂委员会编《丹寨县志（1991—2015）》（上），方志出版社，2016，第 139 页。

④ 王凤刚收集整理译注：《苗族贾理》（上），贵州人民出版社，2009，第 117—118 页。

子，可鬼师居然说他以后会有三个孩子，甚至把他还没有出生的两个孩子的名字都说出来了，并告知他小儿子命短，最好去找 37 户人家要钱，最后刚好能收到 1118 块钱，然后做一个银环给孩子套上，才能长命富贵。后来鬼师说的话都应验了。[①] 因此，巫师作为具有多种“能力”的氏族成员，他们是巫术的主要执行者，是传达神意、主持祭祀的特殊人物，又是当时掌握着最多生产生活知识的人。在苗族人民的社会生活中，他们作为智慧的化身，是灵魂世界和现实世界一切疑难的解答者，其所拥有的社会职能对当时社会的生产活动和文化活动起到了重要作用。

二、生活中的仪式——建新房

传说带有浓厚的地域色彩，不同的地理环境和人文环境往往会孕育出不同的传说内容和仪式活动。仪式与象征，作为最能体现人类本质特征的行为表述与符号表述，一直处于人类学研究的中心位置。仪式通常被界定为象征性的、表演性的、由文化传统所规定的一套行为方式。它可以是神圣的也可以是凡俗的活动，这类活动经常被功能性地解释为在特定群体或文化中沟

图6.11 邻里亲友都来帮忙建新房（田仕摄）

① 与田仕的访谈记录，地点：清江村村委会，时间：2019 年 8 月 12 日。

通（人与神之间、人与人之间）、过渡（社会类别的、地域的、生命周期的）、强化秩序及整合社会的方式。[①] 台湾学者李亦园指出："传统中国的宗教信仰是一种'普化宗教'的形态，它是指一个民族的宗教信仰并没有系统的教义，也没有成册的经典，更没有严格的教会组织，其信仰、仪式、教义及宗教活动的内容都与一般日常生活混合，而没有明显的区分。"[②] 出于对鬼神的敬畏，清江村民希望通过在日常生活中大量举行仪式的方式来达到安居乐业、生活顺利的目的，如建新房的仪式活动。清江的苗族人民在生活中都互帮互助，"苗族农家凡遇犁田、插秧、运肥、收获、建房等大的生产活动，家族邻里亲友都热心无偿出劳力、出工具互助，不要求对等还工。对孤、寡、鳏及患病人家的生产困难，更是主动无偿帮助。"[③] 这种传统至今不衰。

房屋是人的安身立命之所，是家的物质载体。房屋的新旧又代表着这家人生活水平的高低，影响着生活中的凶吉祸福。因此，建新房是苗族人生活中的一件大事，在建盖新房的过程中，村民们要举行一系列仪式，以祈愿家宅平安、家运长久。建新房，第一件事就是要唱建房歌。苗族人擅长唱歌，不同的时间、不同的情境要唱不同类型的民歌。苗族民歌的类型分为情歌、酒歌、生日歌、丧歌、建房歌等，讲述的内容各不相同且有具体的规定。建房当天，木工们要踩着步梯上房梁。步梯寓意着步步高升，因此步梯的台阶也有要求，最低要有十二级，代表十二生肖，蕴含好运吉祥的意思，不达到十二级以上的步梯一般都不会使用。等木工师傅把建房的木材全部拼装好，木房架成型之后，要请人来爬木梯，和着建房歌一步一步地走上去，每上一步都代表着独特的寓意和祝福。在清江苗寨的田野调查中，现任村主任田如能为我们讲述了建房歌的含义：

---

① 郭于华主编《仪式与社会变迁》，社会科学文献出版社，2000，第 1 页。

② 李亦园：《人类的视野》，上海文艺出版社，1996，第 274 页。

③ 贵州省丹寨县地方编纂委员会编《丹寨县志（1991—2015）》（上），方志出版社，2016，第 132 页。

> 建房歌中如“爬完一步，你们全家幸福。爬完两步，左富右富。”一般来说，一步是全家都富，两步是左富右富，左富右富就是四周的亲朋好友都富。三步发财，我们靠山靠水生活，山多，地多，家庭的耕地面积多，庄稼的收成就高。山多，财才会多，因为主要是靠卖木材赚钱，木料、木材代表的就是财的意思。[①]

建新房要求爬房架的人要有三代以上的儿孙，所以建房歌必须由老人来唱。房子中间有个横梁，老人要爬到这个房架的大梁上面，并放一块红布。布里面包裹着书、笔、谷子和纸钱等物品，书、笔寓意子孙上学后成绩优异，谷子象征希望，纸钱寓意孝敬老人、尊敬祖先，这样做是为了祝福后代子孙，住进新房以后生活顺利。物品放到上面后就是常年放置，一般不会打开。建新房，原住房的大梁不能出售，上楼用的木梯也不能出售。当地村民认为人居住在地上，每个人都要经过一些河流，卖木梯就代表着卖“桥”，没有桥过河的话就没有子孙到家，所以木梯也有延续、传承的含义。仪式的功能不仅仅是表面上所呈现的“强化信徒与神之间的归附关系”，实

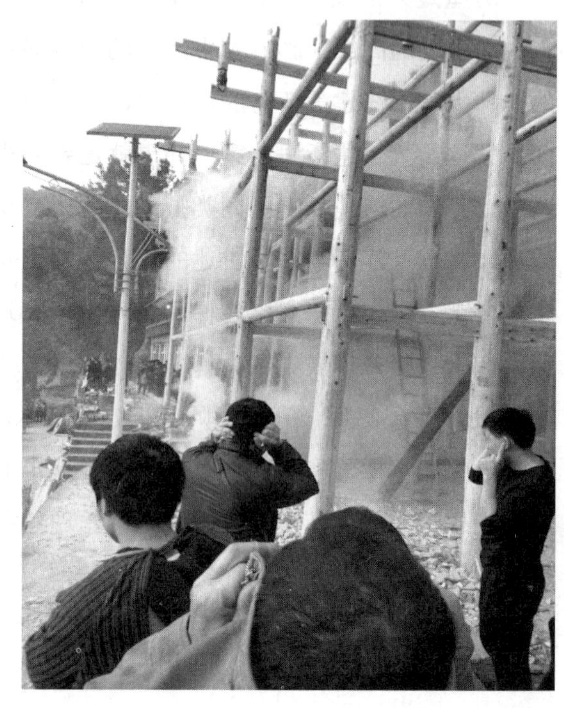

图6.12　村民放鞭炮庆祝新房上梁（田仕摄）

① 田如能的口述，地点：清江村村委会，时间：2019 年 7 月 12 日。

际上它所强化的是“作为社会成员的个体对其社会的归附关系”。[①] 举行仪式将清江民众紧密联合起来，加强了村寨内部的团结。全寨村民的共同参与，增强了村寨的向心力和凝聚力，促进了寨内社会关系的和谐。

三、禁忌

禁忌是一种否定性的行为规范，人们认为违反禁忌会造成不幸，但破坏禁忌所遭受的不可抗拒的处罚往往停留在心理层面，由当事人自发的内心力量来实行。[②] 禁忌对于危害人身的事具有警示作用和回避作用，“为了达到避开危险和祸患的目的，禁忌往往在它存在之处造成一种神秘的气氛。就像发出一种不间断的警铃声响一般，使禁忌事象呈现出一种危险的状态，提醒人们在婚嫁、生育、丧葬、祭祀等仪式或接触某事物时必须小心行事，千万不能乱来，否则将导致灾厄，受到惩罚。”[③]

清江村的苗族传统婚姻仪式中存在“忌锅灶”的习俗，“忌锅灶”是指新娘第一次在男方家中煮饭，要选定一个良辰吉日，标志着新娘正式开始当家做主了。同时，结婚后回到娘家及其宗族的任何一家，不得亲手做饭、触摸炊具，特别是不能触摸木制的甑子和铁制的炊具。这种做法主要是为了防止女儿因为男方家条件不好，经常回家吃饭，而让父母和自家的兄弟姐妹吃亏。男方去女方家不能自己添饭，否则上天就会惩罚。这一禁忌的产生源于苗族的一则传说故事。传闻在很久以前，受“还娘头”婚姻影响，姑妈家十分俊俏的姑娘被双方老人包办，嫁给了舅家一个又矮小又有痴呆症的儿子。举办婚礼后，姑娘在舅家生活了一段时间，由于双方不般配，尤其是男方有痴呆症，姑娘实在难以继续生活下去，于是逃回娘家。姑娘逃婚回家，既抗父母命，又给家中生活造成困难，因为一旦舅家要索回彩礼，娘家必定难以支付。于是就立下禁忌：嫁出去的姑娘如泼出去的水，不得抗命回家，不得碰锅灶

① 薛艺兵：《对仪式现象的人类学解释》，《广西民族研究》2003 年第 3 期。

② 万建中：《禁忌与中国文化》，人民出版社，2001，第 479 页。

③ 任骋：《中国民间禁忌》（第 5 版），山东人民出版社，2012，第 10—11 页。

（以前农村家庭只有大灶、大锅等炊具）和木制甑子，如果违反必遭虎挡蛇拦。而那位姑娘因父母和兄弟姐妹都不给添饭吃，实在太饿，于是趁家中无人时自己揭开甑子添饭吃。回娘家遭受冷待，只好伤心返回婆家，路上果遭老虎挡道、毒蛇拦路。[①]从此这一禁忌就传承下来了。禁忌实际上是人们对不洁的、危险的事物所形成的某种禁制，危险和具有惩罚作用是其主要特征，是人们为自身的功利目的而从心理上、言行上采取的自卫措施。苗民“忌锅灶”这一习俗就是为维护娘家利益而产生的。

禁忌是鬼神观念制度化、礼仪化后引申出的一系列烦琐的规定。在人们的日常生活中，凡认为不吉利的，几乎都在禁忌之列。如清江苗寨还有忌在堂屋换洗衣物的禁忌。女性嫁到男方家中后，不可以在堂屋中换衣服、梳头发，也不可以走在长辈的前面，否则祖先就会变成老虎、蛇来吓唬和警告她。摘果子也有禁忌，寨子中的果树，女婿不能随意采摘，否则不是果树枯死就是人倒霉、生病。当然，清江也存在很多违背禁忌而受到惩罚的故事。据田仕口述：自己的姑妈嫁了一个汉族人，姑父不信苗族的习俗，执意自己添饭，结果在返程途中就遇见了老虎；还有一位苗族村民也因让他出嫁了的女儿给他做饭，结果从房梁上掉下来一条蛇落在锅中；甚至还有女婿在娘家和其他人一起做饭，其他人的饭都做好了，但是女婿的水一直烧不开。[②]种种传说都使得村民相信在自己的言行与结果之间有一种神秘的必然联系，这就促使村民遵守禁忌，约束自己的行为。禁忌本是人类敬畏超自然力量或因为迷信观念而采取的消极防范措施，在社会生活中起着重要的规范与制约作用，清江苗寨直到今天仍有不少遗留的禁忌，影响着人们的生活。

---

① 政协雷山委员会编《雷山民族婚俗》，德宏民族出版社，2017，第63页。

② 与田仕的访谈记录，地点：清江村村委会，时间：2019年7月2日。

第三节 人生礼仪的传说

中国民间信仰的社会学本质，即是中国信仰在民间的实践方式。在中国社会，民间信仰包含了祖先崇拜、神明崇拜、生命礼俗以及符咒法术等仪式实践类型。人生中的种种礼俗与仪式，是民间信仰的重要表现形式，也是民众日常信仰实践的重要体现。在人生礼仪进程始末，均有民间信仰元素可供挖掘，这些民间信仰元素涵盖了祭祀、禁忌、辟邪和巫术等多种形式。[①]

一、诞生礼仪及命名

礼仪即礼节与仪式，起源于祭祀活动。许慎的《说文解字》对“礼”字的解释是：“履也，所以事神致福也从示从豊，豊亦声。”[②]意思是，实践约定的事情，用来给神灵看，以求得赐福。“礼”是会意字，“示”指神，从中可以看出，“礼”字与古代祭祀神灵的仪式有关。礼仪起源于鬼神信仰，也是鬼神信仰的一种特殊表现形式。郭沫若在《十批判书》中指出：“礼之起，起于祀神，其后扩展而为人，更其后而为吉、凶、军、宾、嘉等多种仪制。”[③]礼仪制度正是为着处理人与人、人与鬼神、人与自然三大关系而制定出来的各种礼节仪式和行为规范，象征着对人、鬼神、大自然的敬畏与尊重。人生礼仪是贯穿人的整个生命过程的仪式，它随着新生命的诞生开始，至生命的逝去而结束，不同的民族因其地域的差别而具有不同的礼仪表现形式。

诞生是人类生命的开端，在以血缘关系为纽带的中国社会，婴儿的降生代表着家族的继承。生儿育女一直是中国家庭的一件大事，古人云，“不孝有三，无后为大”，可见从古至今生育对于中国社会的重要意义。苗族对孩童的降生十

---

① 陆少美：《农村婚姻礼仪中民间信仰的家庭代际传递研究：以福建省溪南镇的数据为例》，硕士学位论文，华中农业大学，2018。

② 陈亦儒编《说文解字》，研究出版社，2018，第 3 页。

③ 郭沫若：《十批判书：孔墨的批判》，新文艺出版社，1951，第 99 页。

分重视，按照清江苗族的传统习俗，产妇生下孩子，无论性别，无论排行，都要将胎盘埋在自己家房屋最高的柱子之下，寓意孩子能成为家中的中流砥柱。清江村至今仍有在医院生完孩子，将胎盘带回家掩埋的情况。若是离家较远，或是无法带回家时，就将胎盘埋在外面的大树下。传说胎盘埋在家中的孩子，无论之后是否搬家，年老后都会梦到埋下胎盘的房子，灵魂会永远停留在那个地方，认为那里才是他的家。生育后第三天黎明，孩子的父母需要在大门外摆凳子，上置一碗糯米饭和一碗鱼，女婴加放装有针、线、布的花篮，男婴加放鸟枪（或戥子）、书、笔、镰刀，然后由长辈抱到门外命名并派人向外家报喜。婴儿的外婆、舅妈必带米、蛋、鸡、肉及婴用衣物、背带、小被子等礼物来庆贺。[①]

取名也是清江村孩童诞生礼仪的一件大事，孔子曰："名正言顺"，虽是一句简单的话，但已暗示姓名之于人的重要性。古语有言：有其名必有其实，名为实之宾也。《说文解字》中，训义"名，自命也。"[②]取名是关乎个人命运的大事。清江苗寨的孩童出生三天后便要取名，长大以后要取字，两者相连，通称名字。一般说来，名是阶段性的称呼，小时候称小名，大了叫大名。等有了字，名就成了应该避讳的东西，相称时也只能称字而不称名。孩童取名，名字要分为乳名和学名。乳名一般要由孩子的父母或家中的长辈来取，大多根据婴儿出生季节的植物、动物来取名，如四月桃花开，就给孩子取带桃、花的名字；寒冬腊月过节时食物丰盛，就给孩子取带食物的名字。学名要根据田氏苗族传承下来的字辈来命名，从老大开始依次为仁、洪、泰、中、庆、兴、井、应、如、暮，代代轮流。据清江村前任村主任田兴智讲述，他的曾用名为田小九，因生于 1952 年 8 月，属龙，而龙需要水，到九月水则由多变少，所以取名为小九。按轮流的字辈来排序，其名字应为田兴智，但至今村民仍称其为田小九。[③]名字作为人的命名符号，虽然不能决定人的命运，但它却带有时代的

---

① 贵州省丹寨县地方编纂委员会编《丹寨县志（1991—2015）》（上），方志出版社，2016，第 138 页。

② 陈亦儒编《说文解字》，研究出版社，2018，第 42 页。

③ 与田兴智的访谈记录，地点：田兴智家，时间：2019 年 7 月 11 日。

信息，铭刻着民族文化观念，留下了家族血统的烙印，凝聚着父母对孩子的深厚情意和殷切期望，对个人的人生起着潜移默化的作用。

二、婚姻礼仪

仪式本身是信仰或价值传播的载体，包含了社会生活中的宗教仪式或婚礼等正式仪式。婚姻礼仪作为民间的仪式实践，本身就是民间信仰进行代际传播的空间。“婚姻礼仪是生命礼俗的一种，具体表现为婚姻缔结过程中一整套象征性、表演性、由文化传统所规定的物质形式与行为模式，是在特定群体或文化中生命周期过渡的承载方式，是一定信仰实践的符号和框架。”[①] 婚姻是适龄男女双方共同生产生活并组成家庭的一种社会制度和活动，是人类社会发展的重要组成部分，关系着人类的繁衍和延续，我们每个人都与婚姻息息相关。婚姻是婚配双方成年后的第一件大事，代表陌生男女形成亲属关系的社会结合，组成社会生活中的“家庭”，生育子女，传宗接代。每个民族都有自己独特的婚姻习俗、嫁娶形式和禁忌，了解不同民族的婚俗文化对保护和传承优秀的民族传统文化有重要的作用。在清江村苗族村寨，婚姻礼仪是极为隆重的人生礼仪，受当地民间信仰的影响，婚礼嫁娶的仪式也有别于其他民族，有着鲜明的民族特色。

游方。苗族青年男女在未婚之前公开、自由地谈情说爱的一种方式。从婚姻形态来说，清江苗寨村民实行一夫一妻制，未婚男女既可以自由恋爱，又可以经由相亲认识。在择偶范围上，村民几乎全为田氏苗族，虽为不同的分支，但村民们认为田氏都属于一家人。为避免近亲结婚，村寨严禁内部通婚，所有未婚妇女必须外嫁其他村寨。此外，苗族村民还采取了严禁与外族通婚的策略，如有苗汉通婚者，就会被赶出家门，甚至永不能回家。清江村与卡乌村邻近，在与其邻近的地方设立游方坡，未婚的青年男女可以在节日时去游方坡那

---

① 陆少美：《农村婚姻礼仪中民间信仰的家庭代际传递研究：以福建省溪南镇的数据为例》，硕士学位论文，华中农业大学，2018。

里对唱情歌。当苗族青年男女年在十六七岁情窦初开时，就开始游方，主要就是在农闲时节，青年男子成群结队从一个寨子到另一个寨子去游方。青年男子到了寨子边的游方场上，就手捏嘴唇打起哨子或吹响木叶，以声报信。该寨子的青年女子就成群结队地出来，经过一番选择后，就与男方对唱起情歌。[①]尤其是在二月翻鼓节的时候，黔东南这一带的少数民族都可以来参加对唱情歌的活动，给青年男女创造更好的谈恋爱的机会和条件，拉近距离，加深感情，发展恋爱关系。而对于离异的人群来说，同样也可以到游方坡去唱情歌。青年男女通过游方情投意合之后，便可交换信物，私订终身。在苗族贾理《兄妹结婚》中就有一段青年男女以信物定情的故事。

图6.13　清江村苗族姑娘前往游方坡（清江村村委会提供）

俩人遵定拉金口，依定圣玉言，一个去山脚呼：“阿姐来去哪？”一个去山头应：“我来物色夫。”“丈夫当是我。”“阿哥来去哪？”“我来物色妻。”“妻子当是我。”一个就掐草，一个就挥手，搬石来坐处，就得名党依，摘叶垫坐处，就得名者俄，（“俄”树叶，此树为阔叶乔

① 政协雷山委员会编《雷山民族婚俗》，德宏民族出版社，2017，第1页。

木，常被来山坡上游方的男女摘来垫坐或遮阴）交换戒指处，对换手圈处，就得名排鸳。（“排鸳”，交换信物的山坡）[①]

偷亲。青年男女经过游方之后，如果双方情投意合，甚至到了可以结婚的地步，就会私订终身。清江苗寨嫁娶的方式有两种，第一种做法是说媒，苗语称“奈客”，男方中意某家姑娘后，就请一媒人选择吉日去女方家提亲。媒人一般是与女方家有些联系或是女方家熟悉的人，这样才会提高提亲成功的几率。在女方父母、长辈同意的情况下，男方就会选定一个良辰吉日，杀猪做饭，而女方家则准备一只猪、一笼糯米饭、三只鸡（两只公鸡、一只母鸡）带到男方家中去。两只公鸡是用来祭拜祖先的，母鸡则送给男方父母。在苗族古歌婚姻篇的《夏柳宝尼》中就有：“说订一门亲，缔结一门戚，赠鸡作定礼，送鸭作信物，开亲才稳靠，结戚才牢固。”[②] 男方去女方家吃订婚酒返回时，女方家要送一对小鸡给男方家带回，作为允许两家结婚的凭证。

图6.14 说媒成功后，新郎来迎娶新娘（田仕摄）

---

① 王凤刚收集整理译注：《苗族贯理》（上），贵州人民出版社，2009，第400—401页。

② 王凤刚收集整理译注：《苗族贯理》（下），贵州人民出版社，2009，第780页。

第二种做法是偷亲。青年男女私订终身，女方父母知晓、默许后，新郎会选好偷亲的吉日，在当天晚上召集十几个平时玩得很好的兄弟一起，在晚上12点之后，带着煮好的糯米饭、煮熟了但不能切断的一大块猪肉以及糖到新娘家去偷亲。同时已经约定好的新娘也会召集自家的姐妹和朋友，在家中做好准备等待新郎的到来。新娘用左手将自己的嫁妆递给新郎，新郎用右手接住，之后双方一起离开新娘家。新郎的送行的朋友们会在路上取出准备好的糯米饭、鱼等，选一个能说会道的偷亲同伴先拿出一点祭祀天地，说一些祝福的话语，然后赠予新娘的朋友们吃。如果一个女子同时交往多位男子的话，到了偷亲的时候，一些落败的男子就可能来抢亲捣乱。女方会对所有交往的男子进行筛选排序，并将一些银子、银角、手镯、项圈、衣服等物品作为定情信物分别送给几个男子，而男方通过这些信物的数量来判断女方对其的喜爱程度。有时候通过几次信物的传递，女方可以将自己所有的物品通过这种方式悄悄转移到男方的家中，这样偷亲的时候不会有太多累赘的物品。有的时候，女子会暗示所有交往的对象来偷亲，如果自己最喜欢的那个男子爽约不来，就可以顺势嫁给下一个对象。

新婚。新娘入家门时，必须先用左脚跨过大门，在苗族理念中以左为阴，以左为尊，先跨左脚，意为早生贵子。进到堂屋以后，新郎家中的父母便准备好糯米饭、熟鱼、米酒等，新娘亲自拿出一点饭和鱼放在神龛下，并倒上几滴酒，以此来祭祀祖宗和神灵，表示新娘已成为男方家的一员，希望得到祖宗神灵的认可和护佑。[①]《苗族贾理》婚姻篇的《夏柳宝尼》中讲道："抬脚踩火烟，迈步跨火把。拿饭来祭祖，拿肴来敬神。请祖宗来享，唤祖神来食，保佑此开亲，护佑此结戚，保开亲顺利，佑结戚完满。"[②]同样也描述了婚礼上男女双方用鱼、糯米饭、肉、酒祭祀祖先的仪式。摆酒席时，新郎新娘要用最好的米酒来敬父母、兄弟姊妹。敬酒之后，父母会给新郎新娘一些红包，数额不

---

① 政协雷山委员会编《雷山民族婚俗》，德宏民族出版社，2017，第18页。

② 王凤刚收集整理译注：《苗族贾理》(下)，贵州人民出版社，2009，第783页。

定，表示公婆接纳新娘成为家中的一分子。第二天天一亮新娘就要起床，用一个早上的时间盛装打扮，并且到水井去担水给家中长辈喝。这个水是“新娘水”，有祝福长寿之意，一般都是以单数计瓢数。喝完水后，新娘就成为夫家的正式成员了。

图6.15 长辈给新娘红包（田仕摄）

图6.16 亲友闹新房（田仕摄）

报信，也称回门。媒人说亲成功后的男女，一般在婚后第三天回门，“开亲成三天，结戚成三夜，三天就回门，三夜就回礼。”[①] 新娘在新郎及男方家若干男女的陪同下，携带糯米饭等礼品回门，女方家邀集家族亲朋设宴款待，回赠糯米饭、衣物、头帕、钱币等礼品。报信要在结婚三天之后，由男方家组织报信人去女方家报信。男方家需要准备一只公鸡、一只母鸡、煮好的糯米饭、上好的糯米酒到女方家中去报信，表示你家的女儿已经嫁到我家，帮我照顾家中老人，请你们放心。报信人到女方家，如果女方父母对此门亲事没有多大的意见，或者早已默许，那么报信人便会受到女方父母的款待，并让报信人回去告诉男方女方家已知晓女儿出嫁，请男方家在第二天再到家中和女方父母长辈一起商量此事，同时请报信人将男方带来的礼物原样带回。到了第二天，男方家需要再重新准备一份新的礼物，连同前一天准备的礼物再到女方家中。此时，女方家中已经通知所有的长辈和亲朋在家中等待男方的到来。开始男方是不能进入女方家门的，只有女方的母亲或嫂子通知家中长辈之后，开口邀请男方才可以进门。男方将所有的礼物都抬进门，女方家也将所有的饭菜准备好之后，所有人都坐在饭桌上开始谈话。一般情况下，开始时不吃饭，只有双方谈妥之后才能开饭。

第一个话题是礼金。从男方家到女方家翻了多少个山头，就需要给女方家父母多少钱。如果双方家中相距十几个岭，则可能要十几斤银子。聘礼主要由双方父母共同商定，在一定时间内，男方需要将所商定好的礼金或者说是聘礼送到女方家中，并前来认亲。一般来说，聘礼没有固定物品。如中华人民共和国成立后的礼金钱就由白银逐渐变成了人民币。据九门村村主任讲述，其母亲在结婚时的聘礼为3.8元人民币。此外，礼金还可以是男方家给女方家的每一个兄弟一只公鸡、一坨糯米饭、一份钱；给女方父母60千克糯米、60千克糯米酒、一头猪、一只公鸡、一只母鸡。男方家的兄弟每个人也需要给女方家几十或上百千克的稻谷。女方会陪嫁一套传统服饰以及一整套银制首饰。

---

① 王凤刚收集整理译注：《苗族贯理》(下)，贵州人民出版社，2009，第783页。

认亲。认亲的时候，女方家不开大门，需要媒人从后门进入女方家把大门打开让男方家众人进去。由媒人作为中介，转告女方父母男方已经准备好了礼金，可以认亲。女方就召集亲朋，一起杀猪做饭。做好饭上桌之后，等男方将聘礼和礼金拿出来清点好之后，才可以开始吃饭。如果男方没有凑足钱的话，就需要媒人根据男方的条件开口讲和，要求宽限日期，双方并就此事进行讨论。女方家一般会要求媒人进行担保，担保在规定时间之内，男方家确实会结清不足的那一部分礼金，否则就不用吃这顿认亲饭。通常，媒人会为男方家担保，如果男方家没有凑足钱的话就由媒人补足这部分礼金，之后再由男方家还钱给媒人。认亲之后，男方来的人需要到女方的兄弟家中，一家家地吃过去。到了第三天，女方父母会重新做饭再次招待男方家来的人，代表双方婚礼礼成，整个嫁娶程序结束。

清江苗寨婚姻仪式活动将传说、禁忌、仪式及宗教活动与村民的日常生活密切混合，从而成为日常生活的一部分。因此，对传说故事的理解也需要在民众日常生活的框架下进行考察。在中国农村社会，“对民间信仰的理解要从人们的衣食住行、婚丧嫁娶、生命周期的仪式、关系的建构、感情的维系以及个体的发展和生活史的角度入手，分析宗教与社会、文化、历史以及政治、经济之间的相互关联。”[①] 只有深入到民众日常生活的仪式活动中，才能发现蕴含在其中的“传说”对其生活的深刻影响。

三、丧葬礼仪

葬礼仪式源于鬼神传说中的灵魂信仰，它的种种礼俗和仪规，皆源自鬼神意识。丧葬礼仪是人生礼仪的终结，代表着一个人生命旅程的终止。“一个民族关于死亡的礼仪与习俗是其社会生活和整体文化结构的组成部分。我们民族民间的丧葬习俗是民族文化传统中最具保守性的部分之一。这一方面是指人们

① 曹南来：《中国宗教实践中的主体性与地方性》，《北京大学学报》（哲学社会科学版）2010 年第 6 期。

处理死亡的一定行为的传承性，更主要的是指看待认识生与死问题的心理观念的稳定性。”[①] 丧葬礼仪又是最能体现鬼神传说的仪式，《论语》有言：“慎终追远，民德归厚矣。”慎终就是为父辈或祖辈办理丧事，追远就是祭祖。因为相信人死后灵魂不灭，并且可成为神灵保佑子孙世代传承，所以清江村对丧葬仪式极为重视。

送终报丧。清江苗族相信生老病死是世间规律，但人死之后其灵魂尚在，且有三个灵魂，一个灵魂会升到天上跳舞，一个灵魂会留在坟上，一个灵魂会回到家中的中堂庇护后世子孙，因此村民对丧葬礼仪十分重视。清江村村民还相信人在临死前有征兆，据当地村民口述，当地的老人在弥留之际，会要求喝井水，只有喝了这口水，才能安心地离去。

老人死后，首先要用干的毛巾、开水为死者擦拭全身，将其从头到脚擦干净。净身之后，把死者手脚全部摆好方可换装。死者无论男女，从头到脚都要穿着苗族盛装。如果死者是女性的话，要穿上一套最好的衣服，但不能戴银帽、银角、银梳子，而是要放在一旁；死者是男性也要穿戴正式的衣服，裹上腰带，戴上帽子。穿戴盛装的原因在于，村民们认为人死后只有穿戴盛装才可以有升天参加跳舞的资格，如果身着普通的服装，就会羞于自己的穿着，只能在旁边观看，而不去跳舞。死者换洗干净后，用一张白布将尸体紧紧包裹起来。如果没有棺材的话，就搭一个架子，然后鸣一响炮。炮声一出，寨子里的父老乡亲就会循着炮声前来帮忙。

入殓装棺。老人死去三天后要请鬼师帮忙入殓出殡。鬼师过来后，家里开始杀猪，第一头猪不管是公猪还是母猪，都要把猪肚子上的一排奶头专门留给鬼师做鬼事，出殡时用公鸡“引路”。苗族丧葬习俗中认为鸡可通鬼神，能引领亡人与祖宗相聚，所以出殡时巫师要用一只大公鸡祭奠。此外，苗族还认为杀牛陪送亡人去阴间，可以使其享受富贵。“你鸡将导向，那猪将引路，那牛

① 郭于华：《死的困扰与生的执着：中国民间丧葬礼仪与传统生死观》，中国人民大学出版社，1992，第 19 页。

将拴绕石桩。”[①] 人死后，所有的亲朋好友都要过来参加丧事。女儿要抬头桌，其他亲属要拿鸡、蛋，或是干的桃树枝、湿的李树枝，还要一穗田边糯米，以及麻等物品，此外还要用潮湿的布给死者铺好，再通过鬼师将所有的祭祀物品献给死者。装棺是子女与死者最后分手的时候。装棺之前，鬼师要让死者的子女拿一把刀，还要用木盆到河边去打一点水，捉两条鱼，之后再用一种有刺的树叶把鱼包起来献给死者。传说清江苗寨的祖先从麻江渡河到清江的时候，过河时裤脚上都挂满了鱼，因物产丰富，所以选择此地定居。清江村的祖先喜欢吃鱼，灵魂升天的时候，要靠鱼带他上天。

图6.17 村民多以鱼祭祀祖先（清江村村委会提供）

入棺时，要在棺材内给死者装钱，寓意给其劳金让其去赶场。送干的桃树枝、湿的李树枝意味着死者从此与亲人分离。使用捆有稻子和麻的桃树枝和李树枝，李树枝给死者，桃树枝给生者，对死者说：“母女或是父子等，从此分离，一个东一个西，一个上一个下。”树枝掰开意味着生者与死者的灵魂就此

① 王凤刚收集整理译注：《苗族贯理》（上），贵州人民出版社，2009，第 122 页。

分开，生者的灵魂才不会被死者带走，才能健康平安。死者入棺后，在盖棺之前，要把所有亲朋好友献给死者的物品，如苗布、绸单等放在死者身上，放的顺序按亲戚的辈分来，先放父辈的，再放兄辈的，先放男性的，再放女性的。祭物放好以后，鬼师要拿草来扫棺材，代表此棺材只属于死者一个人，之后将棺材盖上捆好。

图6.18　亲友与死者告别，准备抬棺埋葬（田仕摄）

抬棺。天亮前，家人和鬼师就要商量埋藏死者的地点，然后到坡上把土地买下来，意思就是告知土地公，向山水、树林传达要把死者埋在这里的信息，然后才能抬棺埋藏。送棺时由长子、次子带伞，每个人都拿着竹子、蜡烛等物品走在棺材的前面，抬棺者走在后面，妇女走在最后。

抬棺时，家族中所有的妇女都要穿着盛装，带着银帽、银角，打着伞。在抬棺的路上，主人家的姑妈给抬棺人发烟，姑爹要发酒、送水。抬到埋葬点以后，棺材根据山的方位放好，鬼师就开始做法事，对死者说：“某某同志，这边是东方，这边是西方，这边是南方，这边是北方。哪里有水，水是从哪里来，从哪里出。所有的亲朋好友、父老乡亲，这里只能留给某某，这里只给他一个，让他在这里千秋万代。”仪式结束后，每个人拿一块泥巴或者是一个小石头，扔在棺材上。回到家用一个木盆装水，路过木盆的时候，手必须沾一下水，象征性地洗一下。盆代表着是从天上的银河渡回来的船，洗手表示送死者的人从山上回来了。死者的子女要烧着香一直走到中堂，把大刀放在中堂一个月。随后，所有送别死者的妇女要准备酒、菜、肉，要在门口做一个拦门酒，向抬棺的人表示感谢，每个人喝几碗酒，吃几块肉，随后重新来到中堂吃饭。吃完饭后，姑妈们就拿着鸡、米等返还的物品回家。返还的物品要根据各家带来的物品分配，如果对方抬来的是一头猪，就要返还一个猪腿和猪尾巴，代表以后两家要继续礼尚往来。

图6.19　村民抬棺去埋葬（田仕摄）

图6.20 家族妇女身着盛装，打伞送别死者（田仕摄）

守灵。清江村老人死后，鬼师交代必须有人为死者守灵一个月。如果是家中的父亲死了，儿子要在一个月内不能过河，不能抬东西，只能在家里，不能洗脸、洗头、洗澡；每餐都要供奉亡灵，代表死者会一起吃，之后要把供奉亡灵的饭食吃完，寓意亡者也吃完了饭食，酒也是如此；此外，亡者的亲属三年内不吃蛤肉、泥鳅、笋；结婚的男女一个月内不能同房，妻子在卧室睡，丈夫就在中堂睡；三年内漏水的房子不能翻修等。“守灵人在死者葬后第二十九日或第三十一日，须领亡灵去走客。孝子家三五人带糯米饭、酒、猪肉或鸡鸭到亲友家去（多是姑、舅或女婿家），共饮一餐，当日或宿一夜后返回。亲友照样回赠肉饭鸡鸭，意为送给亡灵的礼物。如果死者生前喜欢赶场，也可以带亡灵去赶场，即约三五人到集市买些酒肉食品，当场祭送亡灵，吃后回家。”[①] 回

① 贵州省丹寨县地方编纂委员会编《丹寨县志（1991—2015）》(上)，方志出版社，2016，第138页。

家后告知死者，丧葬仪式已经结束，死者灵魂已升天，勿再回来打扰活人，整个丧事活动到此方告结束。

丧葬活动是基于鬼神观念而产生的一种社会习俗，是维系家庭孝道伦理的礼仪规范，也是人生中最后也是最隆重的仪式之一。清江苗族的丧葬仪礼中所涉及的灵魂观念和鬼神意识也折射出苗族的文化特点。“家庭作为社会组织的基本单位，要受到普遍接受的礼仪所制约，而葬礼仪式的理念就是使家庭成员重新认识家庭的作用和家庭成员之间的关系。当某位家庭成员的去世使家庭关系面临解体时，葬礼仪式将帮助重新确定家庭成员之间的纽带关系。”[①] 换句话说，丧葬仪式就是个人对家族绵延不绝的意识。清江村的丧葬礼仪作为社会的灵魂观与死后世界观的一种延伸，也是苗族人民生存和智慧的结晶。

第四节 传说的社会功能

一、社会教化功能

传说由历史事件、历史人物及与地方风物有关的故事组成，是人民智慧的结晶和本土民间文化的精华，与民众的宗教信仰、伦理习俗等密切相关，影响着民众的世界观、人生观、价值观。换句话说，传说既来源于生活，也作用于生活，影响着人民的日常生活轨迹，并以节日仪式和民俗禁忌的形式对人民起着教化作用。禁忌作为一种社会规范，是社会控制的最原始的重要手段之一。“禁忌借超自然的灵力，采取以神治人的方式，比以人制人的效果更明显，更能征服人的思想，约束人的行为，而且较之道德规范、法律等，它的情感色彩

① 杨庆堃：《中国社会中的宗教：宗教的现代社会功能与其历史因素之研究》，范丽珠等译，四川人民出版社，2016，第 29 页。

更强烈，更具有自觉性和自律性，控制力更强。”[①]清江村有着万物有灵的自然崇拜，所以民众也把审判力量寄托在崇拜的对象包括鬼神的身上。苗族人的鬼神观念以及某些世俗伦常的道德观点，通过禁忌和习惯法表现，并以神的名义来确定赏罚，对人们的行为发挥着强大的规范和制约作用。

苗族人信奉天神，如果有人做了坏事不承认，那么上天就会通过寨老来评判和惩罚他。“寨老是德高望重、办事公道、群众拥护的自然领袖，组织、主持寨中的诸多重大活动，调解处理诸如财产、婚姻等民事纠纷。”[②]在清江苗寨，如果有一方发现另一方偷了东西，但对方不承认，这时候就要请寨老来评判。评判的方法就是准备一锅大火烧开的牛油，将一把斧头沉到锅底，请寨老念咒语，念完之后，双方分别把手伸进牛油中去拿斧头，没有偷盗的那一方能够安然无恙地将斧头拿出来，偷盗的那一方手臂就会烫伤，而且斧头拿不出来。不仅如此，偷盗的人还要杀一头牛来供全村的人吃一顿，以此来约束所有的村民不要做违法乱纪之事。《苗族贾理》为我们描述了同样的案例：

> 今后诞生十二群，将来繁衍十二伙，或有个别人，或有个别汉，或许心不好，或许意不良，或许心不诚，或许意不信，或曾借吃的，或曾借穿的，吃过就翻脸，穿过就赖账，争水闹口舌，争山打冤家，要咱来烧锅，要咱来氽汤，来做支碓的墩，来做支枧的架，再来助微力，再来做效劳，再来讨肉吃，再来讨酒喝。[③]

文中的“烧锅”“氽汤”就是专指“烧油锅”，即把手伸进热锅里捞斧头的“神判”断案活动，作为苗族民间用以判断是非曲直、解决疑难纠纷的一种方

---

① 万建中：《禁忌与中国文化》，人民出版社，2001，第479页。

② 贵州省丹寨县地方编纂委员会编《丹寨县志（1991—2015）》（上），方志出版社，2016，第132页。

③ 王凤刚收集整理译注：《苗族贾理》（上），贵州人民出版社，2009，第109—110页。

式，加强了民众对自我行为的约束，维护了人们日常生活秩序的平稳，让人们在这种戒律的束缚之下，能够得到安宁和幸福。

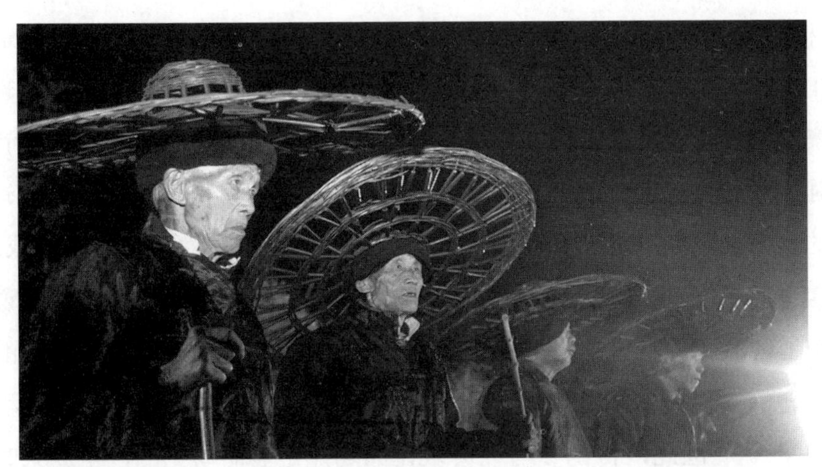

图6.21　清江村祭鼓仪式中的长老（清江村村委会提供）

传说在清江民众的婚姻生活纠纷的处理中也扮演着重要角色，在相关婚姻法律未成熟完善时，就存在女孩子强制改嫁时以巫术来惩罚的方式。根据我们在清江苗寨的田野调查，女孩子出嫁后因为生活条件不好决定改嫁另一家，如果两个男方要打官司，法官首先就是去调查当地的村民，看其出嫁时是否办过喜酒，若有村民能说出女子结婚的具体时间，法官就会再去访问吃喜酒的其他亲戚人员，如果超过 70% 的人承认吃过喜酒，就证明女方的确出嫁过。这时如果女方坚持改嫁，就要求女方将出嫁时收到的聘礼双倍奉还；或者将女方家的所有银子放进一个桶中，男方用一个升来舀，舀出多少算多少，之后女方就可随意改嫁。如果双方没有达成协议，女方不出钱还要坚持改嫁，男方就要请寨老来念咒语诅咒女方，一直念到女方生大病为止，甚至女方可能因病死亡。巫术是在一定目的的指导下，以仪式表演的形式，从内心深处影响着苗族人对戒律禁忌的态度，进而使民众形成自发的行为规范。“禁忌控制的最大特征在于，它借助神灵等超自然力的威名，实行自内心到外在行为的绝对控制。禁忌是高于团集、阶级意志之上的社会共同意志，并为禁忌事象所在的族群全体成员所自觉遵守。它体现出整个社会和各阶级、阶层、集团的利益的不可抹杀的一致性。这就决定了全体社会成员能够自觉遵守，并且在禁忌事象所在的族群聚居的地区把遵从禁忌看成是一种传统的社会美德。”[①] 这也是清江苗寨禁忌传说如此众多的原因所在。“民间信仰的诸多内容又以道德教化的形式强加于整个社会体系，被解释成民众行为之当与不当、德与不德、善与不善的普遍准则，对于维系社会基本伦理秩序和社会良性运行是不可或缺的，在现实生活中发挥了重要的道德教化社会功能”。[②] 当然，这种禁忌传说又起到一个道德教化的功能。“它吸纳了世俗道德中的善恶观，运用超自然的神明奖善惩恶，督促人们扬善弃恶，无疑会加强世俗道德的震撼力，起到积极的劝善效果”。[③] 因此，传说参与社会教化的功能是显而易见的，苗族人时刻遵从着神灵的权威，无论在实际行动还是日常生活之中，都会秉着宁可信其有不可信其无的信念，顾忌着神灵的惩罚和“报应”，这对整个民族的生活起着积极的作用，使人与人之间的矛盾能够得到有效的调节，从而给整个社会带来稳定与和谐。

二、休闲娱乐功能

传说的讲述作为民众日常生活的一部分，可让民众在繁重的体力劳动之余得到精神上的享受。在现实生活中无法实现的愿望在传说中得以实现，可使民众得到精神上的慰藉，这便是传说最基础的娱乐功能。[④] 传说给民众提供了暂时摆脱日常劳作和道德约束的机会，给民众营造了快乐的氛围。清江村有着本

① 万建中：《禁忌与中国文化》，人民出版社，2001，第 479 页。
② 吕大吉：《宗教学通论新编》，中国社会科学出版社，1998，第 757—758 页。
③ 刘大可：《传统与变迁：福建民众的信仰世界》，社会科学文献出版社，2011，第 209 页。
④ 黄晓坚：《海南黎族传说研究》，博士学位论文，中央民族大学，2019。

民族最盛大的节日——翻鼓节，并在村寨中流传着黄金鼓的传说。自古以来，苗族就传承着跳芦笙舞和唱民歌的传统，至今仍是其民间文化生活的重要组成部分。传说清江村的祖先有一面黄金鼓，有地动山摇、毁天灭地之功效。为了争夺天下，始祖依靠黄金鼓打杀，有伤天和，失去了神灵的保护，最终导致战争失败。田氏苗族的祖先迁入清江的时候，为了能与当地民众搞好关系，就将黄金鼓献上。结果当地民众在山上敲响了黄金鼓，瞬间地动山摇，便再不敢敲鼓。祖先就将黄金鼓埋藏在大寨的稻田中，结果后来寨子中的人都病倒了，村民认为是埋藏了黄金鼓的原因，于是就把鼓挖出来。①

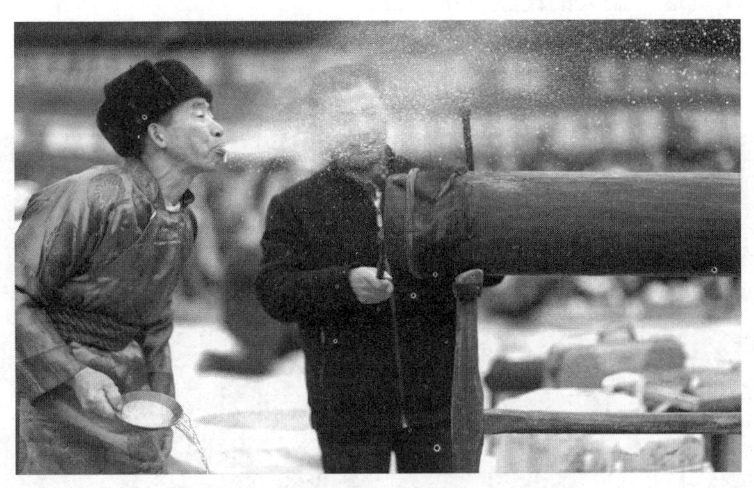

图6.22　苗族鼓师在跳鼓场上用米酒祭鼓（黄晓海摄）

在与传说有关的节日活动中，为了给青年男女创造更好的恋爱机会而专门举办翻鼓节。庆祝翻鼓节时，青年男女可以在游方坡对唱情歌，既可以一男一女对唱情歌，也可以组成队伍，每队三到五人进行对唱，但无论唱什么

① 与田仕的访谈记录，地点：清江村村委会，时间：2019 年 7 月 2 日。

歌，都要随时对答如流。游方坡唱情歌这项活动已经形成一种产业，黔东南这一带的少数民族都可以来参加。现如今，其他地方也举办类似于闹冲节的活动，把所有男女老少聚在一起，唱歌玩乐。

此外，姊妹之间也可以来游方坡玩乐，唱姊妹歌。姊妹歌的内容各有不同，既可以回忆穷苦的日子，也可以歌颂风调雨顺的好生活。逢年过节都会唱不同的歌，过年的时候唱过年歌，翻鼓节的时候就专门唱翻鼓节的鼓歌，歌词内容主要是祝愿新的一年风调雨顺、五谷丰登，寄托人民对生活富裕的美好愿景。庆祝翻鼓节的方式不限于唱情歌，还有祭鼓、宴亲友、跳鼓舞、斗牛、斗鸟等。节日期间，清江村本地和临近的乡及凯里市、麻江县的男女青年聚集一堂，共同庆贺这一盛大的民族传统节日。

图6.23　跳鼓广场上，苗族姑娘在欢跳木鼓舞（黄晓海摄）

传说故事本身也是民众休闲娱乐的方式。传说从现实生活中取材，常与当地的风土人情相结合，并在流传过程中提炼加工，通过奇特的想象和动人的情节来塑造民众喜闻乐见的故事。民间传说往往具有传奇的特色，故事情节既与现实有直接的联系，又合乎生活的内在逻辑。清江的传说故事中，“民众并非仅对神明的灵验传说津津乐道，同时对神明的美德亦念念不忘。这些故事传说大都与地域社会文化相结合，包含了传统的伦理观、道德观、价值观，寓劝诫人心于其中，发挥着官方法律、宗族法规、甚至乡规民约都无法延及的社会教化功能。”[①] 穿洞的产生有一个神秘的传说。据说，天龙上天考核时下了三天三夜的雨，淹没了百姓的田土，冲垮了山林，所以重新下凡帮助百姓。之后，穿洞中的岩壁就变成一块一块的，像在洞里修的田土，目的就是为了教育龙子龙孙，要为百姓多行善事。

图6.24　穿洞内部岩壁状如梯田（伊明摄）

① 刘大可：《传统与变迁：福建民众的信仰世界》，社会科学文献出版社，2011，第 191 页。

“爱情千年葡萄藤”的故事也讲述了一位因自由恋爱而远嫁他乡的清江姑娘。她的婚姻幸福美满，年老后回到家乡，死后又在自己爱情开始的水井边化作一棵葡萄藤，缠绕着旁边的大树生长，代表爱情缠缠绵绵，夫妻永远相爱。传闻没有子嗣的人吃了这里的葡萄之后，就会怀孕生子；家庭矛盾多、婚姻不幸的人只要诚心来到葡萄藤下供养就会家庭和睦、夫妻恩爱。

图6.25　千年葡萄藤（伊明摄）

图6.26　葡萄藤缠绕树木枝干向上生长（伊明摄）

传说将来源于生活的素材加工成跌宕起伏的故事情节，并赋予更加强烈的情感。民众通过夸张和渲染的手法把人物形象神化，不仅创造了本民族特有的传说故事，也丰富予其休闲娱乐的方式。

三、文化认同功能

传说故事包含着对本民族文化的追述，反映着民众对共同的信仰的追求，体现着民众共同的文化认同。换句话说，清江苗寨流传的故事代表田氏苗族共同的“历史记忆”。集体记忆理论的开创者莫里斯哈布瓦赫认为：“记忆是一种集体社会行为，现实的社会组织或群体都有其对应的集体记忆。我们许多社会活动，经常是为了强调某些集体记忆，以强化某一人群组合的凝聚。”① 历史记忆具有塑造民族认同的指向性，具有更大程度的主观性、目的性。它们存在于许多共同体对自身过往的叙事之中，以各种形式表现出来。它们最终的目的是实现共同体对于自我存有的确认。② 清江的传说故事不仅保留了大量祖先和英雄人物的事迹，而且还通过对祖先苦难事迹和英雄品格的传颂强化了本民族的文化心理认同。

据当地村民口述，祖先之所以选择此地定居，是因为这里被清水江环绕，来回需渡渠而过，河流弯曲，四面环山。山环水抱，是一个天然的军事要塞。要想到这里必须经过天生桥或者关门岩，路途中遍布滑石板，不易遭受外族的进攻。传闻敌人每次由麻江、凯里想攻打清江时，经过将军石时，就会听见千军万马的声音，村子里热闹非凡，仿佛人很多。又由于清江村多雨的天气导致村寨周围的山上烟雾茫茫，敌人看不清村寨内部；当好天气准备攻打时，也会突然下暴雨或起大雾，加上清江村砖石众多，最后只能不了了之。之后敌人通过风水师了解到这一块石头是田氏苗族的祖先变化而成来保护清江村的，于是就借助风水师的咒语把石头划开，把石头里的心挖了出来，将军石便碎成了三块，变成了山中的碎石，失去了神力。此外，“哑香的神刀”也讲述了英雄哑香从鱼的肚子中偶然得到一把能隔空杀人的神刀，并在战争中发挥了巨大作用的故事。后来哑香死于香炉山溶洞中，村民还在每年的三月三、六月六、九月

① 王明珂：《华夏边缘：历史记忆与族群认同》，浙江人民出版社，2013，第 22 页。

② 赵琼：《国家认同建构中的历史记忆问题：以对共有祖先的追述为视角》，《中国政法大学学报》2014 年第 3 期。

九爬香炉山以示纪念。

传说故事在其传颂的过程中，实际上也不断强化了清江村民对祖先和英雄的崇拜，促进了民族向心力和凝聚力的产生，形成了本民族固有的文化认同。这种观念融入本民族共同的祖先祭祀和节庆仪式等习俗中，形成了根深蒂固的生活习惯，构造了本民族的文化场景。清江的传说，或为歌颂祖先的勇敢事迹，或为同情英雄人物的苦难历程，有利于激励后人更加团结、不断努力进取。苗族人民通过英雄人物所经历的苦难历程和勇敢抗争，激励后人更加见义勇为、匡扶正义，传承了民族精神，增强了民族认同。传说在一定程度上满足了民众的精神需求，调试了民众心理，产生了强大的心灵抚慰功效，在社会秩序整合中起到了强化文化认同的作用。

图6.27　清江村的大量碎石（伊明摄）

结 语

位于贵州东南部丹寨县南皋乡的清江苗寨，因其位于贵州清水江上游而得名。清江苗寨湿润多雨的气候条件与其得天独厚的地理环境，造就了丰富的动植物资源和水资源，而一直与自然保持着和谐关系的田氏苗族从很久以前便定居于此。

历史上，田氏苗族因战乱等原因迁居到贵州的大山深处，面对蛮荒的大自然，苗族民众既要应对大自然的严酷挑战，又要顺应自然规律，因为诸多生产生活资源都要取之于自然。几个世纪以来，苗民与自然之间的磨合终于达到了一种平衡。清江人民秉持着对自然既索取又保护的生活方式，这不仅反映在苗民的现实生活中同时又体现在苗民的精神世界里，而且往往相互促进。

在田氏苗族传统的精神信仰中，自然崇拜占据重要位置，他们相信万物有灵，不仅对山川河流、巨石树木尊崇有加，甚至对于雷电风雨、日月星辰这些自然现象和遥不可及之物都带有神灵化的解读。正是靠着这样的信仰浸润，苗族民众在对待与自然相关联的事务时显得格外谨慎，带着一种崇敬的感情，并希望尽最大力度来保全自然。因此，在国内环保问题日益严峻的当下，清江村依然保留着一片人与自然祥和共处的景象，它所映射出的正是苗族民众的智慧，是一种人与自然的相互尊重与扶持共荣。

正所谓“一方水土养育一方人”，清江村特殊的地理环境和气候条件造就了田氏苗族别具风格的生产生活图景。田氏苗族凭借数百年来对清江村自然环境的经验，归纳出了一套相应的生产习俗与生活窍门。这些应自然环境而生的生产习俗与生活窍门同时也体现了田氏苗族人民热爱生活、善于发现自然规律的特点。充满智慧的田氏苗族人民的劳动成果在清江村得到了完全的展现。如清江村地区随处可见的山涧平坎阡陌相连，高山深谷植被繁茂的盎然景象，正是苗族人世代致力农耕、开垦良田、兴修水利的结果；在稻田中放养鱼苗的同时又放牧家鸭，让稻、鱼、鸭在同一环境中同步生长并相互依存、相互制约，正是苗族传承了数百年的多项目复合谋生艺术。

随着时代的发展，清江村传统的生计方式也逐渐发生着变化。改革开放以来，在保护自然、与自然和谐共生的可持续发展思想的影响下，养殖业、种植业、外出务工和旅游业等生计方式悄然兴起，并成为清江村田氏苗族人民重要的生计方式。尽管如此，我们应该理性地认识到，田氏苗族要想发展新兴生计必须坚持"走出去"和"引进来"相结合。既要积极主动吸纳外来文化的积极元素，又要立足于田氏苗族的生存环境、资源禀赋、储养状况而加以变革，从而实现生计的可持续性和发展的可持续性。

清江苗寨作为丹寨县南皋乡中一个由田氏苗族组成的传统村落，因为其单一的民族构成，使得清江苗寨相较其他村落来说，更加具有民族特色。清江苗寨不仅在地理位置和生态环境方面具有极大的优势，其文化资源也极其丰富。因此，清江村立足于其独特的文化资源，成功申报了第五批中国传统村落。同时大力宣扬其"木鼓之乡"的美誉并积极举办独具特色的苗族传统节日——翻鼓节。翻鼓节以及与其相关联的木鼓等文化活动，是清江村田氏苗族历史文化的重要组成部分。因为清江村田氏苗族关于翻鼓节的传说和历史来源与其他黔东南地区，甚至是丹寨县官方记载的传说都具有极大的不同，所以翻鼓节成了清江苗寨田氏苗族区别于其他苗族支系和苗族村寨的重要标志。

从传统文化的角度分析，翻鼓节作为一项重要的苗族传统节日，对于没有文字记载的苗族社会来说，具有重大的历史和现实作用。翻鼓节的全民性、反规范性和教化性的特点，相互交融协调，并通过各项传统活动仪式共同塑造了现今大众视野中的翻鼓节和田氏苗族。而节庆期间的各项活动和禁忌，也在各项细微之处体现着翻鼓节的文化特征。从实用性的角度来看，翻鼓节作为清江村一年之中最为重要的节日活动，因其相较于其他苗族节日而言更具特色，所以成了清江村发展少数民族村落文化旅游的一张重要名片。每年翻鼓节举办期间，都有无数的群众从四面八方来到清江村，和苗族同胞们一起热烈地庆祝，这为清江村田氏苗族文化的传播和清江村的旅游发展提供了巨大的推动力。

没有使用文字记载的田氏苗族在清江村这块土地上“落地生根”，依靠故事与传说维系着他们对祖先的记忆。在此过程中，磨难对他们来说记忆更是深刻，这或许也在无形中塑造了清江村田氏苗族宽容、团结、不好斗的内在品格。随着时代的发展，田氏苗族人口不断发展，经济水平、教育水平也不断在提高。这些明显的变化改变了田氏苗族原有的无文字状态，尤其是在丹寨县政府出台相关政策后，越来越多的田氏苗族子女得以进入校园，接受知识的滋养。清江村田氏苗族在几百年的历史中一向少有斗争，能与当地其他村寨和谐共处，这与他们一直引以为傲并因时而变的村规民约息息相关。在实际生活中，清江的村规民约与田氏苗族习惯法互为表里、相互补充，进而能在解决纠纷的过程中具有威信力和拥有很好的群众基础。田氏苗族之所以能在清江这块大地上世代定居，其原因不外乎是田氏苗族对这块土地的热爱。田氏苗族对清江村有着强烈的归属感，正是这份归属感使得他们在处理与其他村的土地纠纷时据理力争而又宽容谦让。因此，在几百年的历史中，清江苗寨流淌着无数的“故事”。

苗族人民的历史很少有文字记载，大多以口耳相传的形式流传至今。传说是田氏苗族追寻祖先记忆的方式，口述在某种程度上填补了苗族历史的空白，具有传承民族历史的功能。传说是其口述史的重要组成部分，反映在苗族民众日常生活中的各个方面，构成整个民族精神的核心，是理解苗族文化的重要途径。

传说是一个社会群体对某一历史事件或历史人物的公共记忆，属于特定聚落空间内部的共同记忆。地方传说将民族的历史记忆与当地的风土人情相结合，融入了自然的山峰和河流中，构成了民族的文化内涵，形成了民族共同的历史记忆，从而使传说具有了社会教化、休闲娱乐、文化认同等功能，增强了民族归属感。美国人类学者凯斯指出：“文化认同本身并不是被动地一代一代传下来的或者以某种看不见的神秘的方式传布的，事实上是主动地、故意地传播出去的，并以文化表达方式不断加以确认。”[①]一直以来，清江村村民通过反复的仪式展演传承着他们的民族信仰，无论是传颂的故事还是各种祭祀仪式，都是在不断地强化着本民族的认同。

传说是苗族文化的组成部分，其丰富多彩的内容对民众的生活产生了巨大的影响。“文化是人类社会文明和进步的内在动力和重要标志，是一个民族得以生存和发展的源泉。”[②]作为苗族精神生活的重要内容，传说融入了苗族的历史文化和日常生活中，其中喜闻乐见的一部分甚至传承至今。传说中蕴含的民族认同感也作为一种人类寻求精神支柱的表现形式，渗透到了社会生活的各个角落，并一直存活在苗族人民的心灵深处。

---

① 乔健：《族群文化与文化咨询》，转引自周星、王铭铭主编《社会文化人类学讲演集》，天津人民出版社，1997，第486页。

② 黄彩文：《仪式、信仰与村落生活：邦协布朗族的民间信仰研究》，民族出版社，2011，第185页。

附　录

附录1　全国苗族人口统计表

单位：人

省、区、市	苗族人口	排名
贵州	3968400	1
湖南	2060426	2
云南	1202705	3
重庆	482714	4
广西	475492	5
浙江	309064	6
广东	251970	7
湖北	177490	8
四川	164642	9
福建	88017	10
海南	74482	11
上海	31351	12
安徽	13856	13

续表

省、区、市	苗族人口	排名
北京	12957	14
河北	9703	15
江西	9125	16
山东	8414	17
新疆	7626	18
河南	4321	19
辽宁	3952	20
天津	3751	21
内蒙古	3349	22
陕西	2787	23
黑龙江	2575	24
山西	2205	25
吉林	1446	26
甘肃	1212	27
宁夏	1113	28
青海	911	29
西藏	416	30
合计	9426007	

资料来源：国家统计局人口和就业统计司、国家民族事务委员会经济发展司编《中国2010年人口普查分民族人口资料》，民族出版社，2013，第1045—1105页。

附录2 贵州苗族人口统计表

省级行政区	地级行政区	县、市、区	苗族人口 /万人	占中国苗族百分比 /%
贵州	黔东南苗族侗族自治州	凯里市	274.238	3.07
贵州	黔东南苗族侗族自治州	施秉县	66.890	0.75
贵州	黔东南苗族侗族自治州	雷山县	110.413	1.24
贵州	黔东南苗族侗族自治州	天柱县	106.387	1.19
贵州	黔东南苗族侗族自治州	台江县	135.827	1.52
贵州	黔东南苗族侗族自治州	丹寨县	104.934	1.17
贵州	黔东南苗族侗族自治州	黄平县	161.211	1.8
贵州	黔东南苗族侗族自治州	剑河县	112.950	1.26
贵州	黔东南苗族侗族自治州	麻江县	68.847	0.77
贵州	黔东南苗族侗族自治州	三穗县	35.745	0.4
贵州	黔东南苗族侗族自治州	镇远县	22.883	0.26
贵州	黔东南苗族侗族自治州	岑巩县	14.326	0.16
贵州	黔东南苗族侗族自治州	锦屏县	78.441	0.88
贵州	黔东南苗族侗族自治州	黎平县	75.718	0.85
贵州	黔东南苗族侗族自治州	从江县	129.626	1.45
贵州	黔东南苗族侗族自治州	榕江县	96.503	1.08
贵州	黔南布依族苗族自治州	都匀市	71.011	0.79
贵州	黔南布依族苗族自治州	惠水县	91.215	1.02
贵州	黔南布依族苗族自治州	长顺县	48.902	0.55
贵州	黔南布依族苗族自治州	福泉市	48.731	0.55

续表

省级行政区	地级行政区	县、市、区	苗族人口/万人	占中国苗族百分比/%
贵州	黔南布依族苗族自治州	三都水族自治县	43.464	0.49
贵州	黔南布依族苗族自治州	贵定县	42.450	0.47
贵州	黔南布依族苗族自治州	龙里县	40.096	0.45
贵州	黔南布依族苗族自治州	罗甸县	35.463	0.4
贵州	黔南布依族苗族自治州	瓮安县	15.177	0.17
贵州	黔南布依族苗族自治州	独山县	9.318	0.1
贵州	黔南布依族苗族自治州	平塘县	22.980	0.26
贵州	黔西南布依族苗族自治州	兴义市	10.088	0.11
贵州	黔西南布依族苗族自治州	晴隆县	53.205	0.6
贵州	黔西南布依族苗族自治州	望谟县	39.491	0.44
贵州	黔西南布依族苗族自治州	安龙县	32.926	0.37
贵州	黔西南布依族苗族自治州	兴仁县	24.130	0.27
贵州	黔西南布依族苗族自治州	贞丰县	23.054	0.26
贵州	黔西南布依族苗族自治州	普安县	22.683	0.25
贵州	黔西南布依族苗族自治州	册亨县	9.610	0.11
贵州	贵阳市	花溪区	62.827	0.7
贵州	贵阳市	云岩区	21.685	0.24
贵州	贵阳市	乌当区	22.468	0.25
贵州	贵阳市	南明区	27.460	0.31
贵州	贵阳市	清镇市	39.845	0.45
贵州	贵阳市	开阳县	18.161	0.2
贵州	贵阳市	修文县	12.268	0.14

续表

省级行政区	地级行政区	县、市、区	苗族人口/万人	占中国苗族百分比/%
贵州	铜仁市	铜仁市	47.080	0.53
贵州	铜仁市	松桃苗族自治县	228.718	2.56
贵州	铜仁市	印江土家族苗族自治县	42.431	0.47
贵州	铜仁市	石阡县	18.449	0.21
贵州	铜仁市	江口县	25.588	0.29
贵州	铜仁市	思南县	112.464	1.26
贵州	毕节市	毕节市	38.508	0.43
贵州	毕节市	纳雍县	72.845	0.81
贵州	毕节市	织金县	81.029	0.91
贵州	毕节市	黔西县	60.409	0.6
贵州	毕节市	大方县	52.547	0.59
贵州	毕节市	赫章县	37.128	0.42
贵州	毕节市	金沙县	31.884	0.36
贵州	毕节市	威宁彝族回族苗族自治县	60.157	0.67
贵州	遵义市	余庆县	9.849	0.11
贵州	遵义市	仁怀市	10.838	0.12
贵州	遵义市	正安县	11.715	0.13
贵州	遵义市	凤冈县	12.700	0.14
贵州	遵义市	务川仡佬族苗族自治县	157.350	1.76
贵州	遵义市	道真仡佬族苗族自治县	76.658	0.86

续表

省级行政区	地级行政区	县、市、区	苗族人口/万人	占中国苗族百分比/%
贵州	六盘水市	盘县	25.428	0.28
贵州	六盘水市	钟山区	13.019	0.15
贵州	六盘水市	水城县	126.319	1.41
贵州	六盘水市	六枝特区	50.833	0.57
贵州	安顺市	关岭布依族苗族自治县	29.746	0.33
贵州	安顺市	镇宁布依族苗族自治县	34.379	0.38
贵州	安顺市	紫云苗族布依族自治县	114.444	1.28
贵州	安顺市	平坝县	44.107	0.49
贵州	安顺市	普定县	30.254	0.34

资料来源：国家统计局人口和就业统计司、国家民族事务委员会经济发展司编《中国2010年人口普查分民族人口资料》，民族出版社，2013，第1091—1092页。

附录3　清江村“控辍保学”工作宣传标语（清江村村委会提供）

1. 教育是中华民族振兴和社会进步的基石！
2. 教育是国计，也是民生；教育是今天，更是明天！
3. 家事国事天下事，办好教育是大事！
4. 富民必先强教，兴黔必先兴教！
5. 经济振兴，重在人才；人才振兴，重在教育。

6. 经济要发招，教育要先行。

7. 教育改变命运，知识创造财富，学习充实人生。

8. 全社会行动起来，打一场“控辍保学”攻坚战！

9. 孩子是祖国的未来和希望，“控辍保学”任重道远！

10. 依法控辍，提高义务教育水平！

11. “控辍保学”，利国利民，人人有责！

12. 攻坚克难，真抓实干，提高巩固率，降低辍学率！

13. 国家兴旺靠教育，农民致富读书。

14. 脱贫致富，教育铺路。

15. 家庭的希望在孩子，孩子的希望在教育。

16. 土地不种误一季，人不读书误一生。

17. 要想致富奔小康，先送子女进学堂。

18. 世界再大也不怕，学好文化是帮手。

19. 农民小康路上走，学好文化走天下。

20. 贫困不读书，穷根难断。富贵不读书，富贵不长。

21. 有田不耕仓库虚，有书不读子孙愚。

22. 今天的辍学生也许就是明天的贫困户！

23. 送子女入学接受教育是每一个家长的法定责任！

24. 放任接受义务教育的子女辍学是违法行为。

25. 招用不满 16 周岁的未成年人做工是违法行为。

26. 坚决打击招用童工的违法行为！

27. 挽救一个辍学生，造福一个家庭。

28. 多培养一个优秀生是贡献，多留住一个辍学生同样是贡献！

29. 不放弃每一个学生。

30. 该入学的一个不能少，已入学的一个不能走。

附录4 清江村大寨脚、月亮坡农户土地面积统计表

单位：公顷

地块名称	农户	土地面积	地块名称	农户	土地面积
大寨脚	李X荣	0.314752	月亮坡	田X红	0.280012
大寨脚	田X平	0.298027	月亮坡	田X怀	2.926535
大寨脚	田X明	0.302086	月亮坡	田X怀	1.117397
大寨脚	田X银	0.182267	月亮坡	田X祥	2.659911
大寨脚	田X林	0.321751	月亮坡	田X荣	0.104572
大寨脚	田X林	0.398135	月亮坡	田X荣	0.121644
大寨脚	田X学	0.307649	月亮坡	田X荣	0.333153
大寨脚	田X银	0.250614	月亮坡	文X光	0.326547
大寨脚	田X进	0.756549	月亮坡	文X光	0.492532
大寨脚	田X光	0.693287	月亮坡	文X光	0.235634
大寨脚	田X敏	0.494102	月亮坡	田X昌	0.215989
大寨脚	田X奎	0.275168	月亮坡	田X昌	0.525939
大寨脚	田X山	0.316146	月亮坡	田X波	1.012443
大寨脚	田X汉	0.394665	月亮坡	田X波	2.788819
大寨脚	田X良	0.077323	月亮坡	田X彪	2.354358
大寨脚	田X东	0.121187	月亮坡	田X昌	1.002224
大寨脚	田X金	0.196847	月亮坡	田X师	0.211412
大寨脚	田X辉	0.049205	月亮坡	田X师	0.541003
大寨脚	田X忠	0.182220	月亮坡	田X良	1.667010
月亮坡	田X新	1.477088	月亮坡	田X	0.103774
月亮坡	田X新	0.389632	月亮坡	田X	0.367087
月亮坡	田X红	0.154554	月亮坡	田X祥	0.485523

续表

地块名称	农户	土地面积	地块名称	农户	土地面积
月亮坡	田X红	0.278728	月亮坡	田X良	0.395025
月亮坡	田X红	0.208152	月亮坡	田X向	0.564132
月亮坡	田X荣	0.324345	月亮坡	田X顺	0.329884
月亮坡	田X荣	0.210210	月亮坡	田X学	3.158527
月亮坡	田X怀	0.281257	月亮坡	田X伦	0.193024
月亮坡	田X九	1.539740	月亮坡	田X刚	0.660196
月亮坡	田X书	0.421789	月亮坡	田X红	0.502404
月亮坡	田X玉	0.262047	月亮坡	田X敏	0.553343
月亮坡	田X书	0.236266	月亮坡	田X标	0.453961
月亮坡	田X新	0.391586	月亮坡	田X圣	0.299497
月亮坡	田X新	0.183383	月亮坡	田X华	0.074207
月亮坡	田X安	0.499137	月亮坡	田X云	1.465257
月亮坡	田X奎	0.814795	月亮坡	田X云	0.797413
月亮坡	田X奎	0.846191	月亮坡	田X恒	0.581872
月亮坡	田X奎	0.633839	月亮坡	田X恒	0.926389
月亮坡	田X奎	0.506136	月亮坡	田X恒	0.526528
月亮坡	田X奎	0.349041	月亮坡	田X恒	1.090596
月亮坡	田X杰	0.309677	月亮坡	杨X贵	0.508157
月亮坡	田X科	1.008793	月亮坡	田X科	1.037122
月亮坡	田X民	1.373959	月亮坡	田X科	0.305505
月亮坡	田X民	1.268035	月亮坡	田X科	0.290696
月亮坡	田X民	0.261608	月亮坡	田X科	0.032528
月亮坡	田X奎	0.417276	月亮坡	田X轩	0.527506
月亮坡	田X毫	0.680660	月亮坡	田X超	0.151640

续表

地块名称	农户	土地面积	地块名称	农户	土地面积
月亮坡	田X举	0.664742	月亮坡	田X轩	0.170863
月亮坡	田X科	0.288383	月亮坡	田X辉	1.074591
月亮坡	田X科	0.521891	月亮坡	田X超	0.200429
月亮坡	田X轩	0.769091	月亮坡	田X德	0.448490
月亮坡	田X轩	0.235452	月亮坡	田X军	1.282401

资料来源：清江村村委会。

附录5 清江村农户土地面积统计表

单位：公顷

地块名称	农户	土地面积	地块名称	农户	土地面积
大登高	佘X周	1.618120	大登高	田X	0.531099
大登高	佘X周	1.012117	干倒	田X	1.604823
大登高	佘X周	0.356970	干倒	田X	0.175170
大登高	佘X周	0.339041	干倒	田X	0.302832
大坪	佘X周	1.946146	干倒	田X	0.897460
对门坡	佘X周	0.129949	干倒	田X	0.069549
干倒	佘X周	0.358207	干倒	田X	0.185915
干倒	佘X周	0.098697	干倒	田X	0.263101
狗角冲	佘X周	1.861853	干倒	田X	2.001833
狗脚冲	佘X周	1.048644	干倒	田X	0.885863
牛角寨	佘X周	1.786265	干丢窝你欧	田X	0.114962
七树弯	佘X周	0.664872	干丢窝你欧	田X	0.528991
碗厂	佘X周	0.399302	干条	田X	0.760906

续表

地块名称	农户	土地面积	地块名称	农户	土地面积
碗厂	佘X周	0.108439	干望无	田X	0.305606
碗厂	佘X周	0.027730	干望友	田X	0.116123
望旧	佘X周	0.207997	干望友	田X	1.188352
望旧	佘X周	0.299552	干望友	田X	1.188674
望旧	佘X周	0.033287	狗脚冲	田X	1.212342
岩寨边	佘X周	2.087703	狗脚冲	田X	2.823899
岩寨脚	佘X周	1.251247	狗脚冲	田X	0.925856
岩寨中	佘X周	0.054522	狗脚冲	田X	3.756265
寨上	佘X周	1.008785	牛滚塘	田X	1.659026
大冲头	田X良	0.480659	碗厂	田X	0.981614
对门坡	田X良	0.108541	碗厂	田X	0.953158
对门寨	田X良	0.065965	碗厂	田X	0.331996
罗以冲	田X良	2.666127	碗厂	田X	0.200795
罗以冲	田X良	3.452532	碗厂	田X	0.961245
牛古当	田X良	1.103591	望旧	田X	3.956275
排调	田X良	2.409667	望旧	田X	0.066638
山寨背后	田X良	0.618860	岩寨	田X	0.053715
水寨冲	田X良	1.561467	岩寨	田X	0.067958
小寨冲	田X良	0.391576	寨上	田X	0.081300
小寨脚	田X良	0.040191	寨子脚	田X	0.690459
月亮坡	田X良	1.667010	大冲对面	田X江	1.262330
月亮坡	田X良	0.395025	下罗以冲	田X江	0.965666
寨脚	田X良	0.371444	下罗以冲	田X江	1.235567

资料来源：清江村村委会。

附录6 田野调查提纲

一、国家基层组织的设置及运行情况，了解国家权力、地方自治对村民日常生活的渗透和影响

（一）国家向社会渗透的实际能力（征税、治安、信息传递、命令的执行、经济活动的调控等）

1. 田赋征收的基本情况

2. 土地所有权变动产生的田赋负担在新旧业主之间的转移情况

3. 土地以及房屋买卖中的契税征收

4. 政府命令的执行情况

5. 信息的来源及传递渠道

6. 社会救济（如遇到自然灾害的时，依靠政府还是巫术）

（二）村规民约向社会渗透的实际能力（治安、信息传递、命令的执行、社会活动的调控等）

1. 村规民约的内容

2. 推行村规民约的动力

3. 村规民约通过什么方式让村民知晓

4. 民众对村规民约的反应

5. 村规民约的效果

6. 村规民约案例

（1）调解纠纷

（2）公益筹款

（3）倡导教育

（4）保护生态

（5）婚丧嫁娶

二、村民的生存逻辑

（一）主要姓氏、人口、族属、分布概况、迁移状况

（二）家庭

1. 家庭成员的构成

2. 亲属关系

3. 亲属关系的扩展，联结的纽带（姻亲、其他）

4. 过继

5. 分家析产

（三）经济活动

1. 农田的所有权、地租、农业的继承

2. 商品交换：集镇、场期、贸易区域

3. 资金来源，借贷关系

4. 农民的劳动合作，有无合作组织

（四）文化活动

1. 社会风俗

2. 节庆周期

3. 宗教信仰

（五）村民之间的关系，维系的纽带，人情往来和礼物流动

三、族群关系及其认同

（一）各民族之间的关系，纠纷的处理

（二）地方官族属及其比例

（三）少数民族的宗教行为与官方“仪礼”“祀典”规定的差异

（四）对外来宗教的态度及行为

（五）地方庆典话语是否模仿国家模式

（六）村民的国家观念

参考文献

一、地方志

［1］丹寨县人民政府．贵州省丹寨县地名志（内部资料），1987.

［2］贵州省丹寨县地方志编纂委员会．丹寨县志［M］．北京：方志出版社，1999.

［3］贵州省地方志编纂委员会．贵州省志·民族志［M］．贵阳：贵州民族出版社，2002.

［4］任可澄，杨恩元．（民国）贵州通志［M］//《中国地方志集成·贵州府县志辑》编委会．中国地方志集成·贵州府县志辑：第 11 册．成都：巴蜀书社，2016.

［5］京滇公路周览会贵州分会宣传部．（民国）今日之贵州［M］//《中国地方志集成·贵州府县志辑》编委会．中国地方志集成·贵州府县志辑：第 11 册．成都：巴蜀书社，2016.

［6］熊继飞，等．（民国）麻江县志［M］//《中国地方志集成·贵州府县志辑》编委会．中国地方志集成·贵州府县志辑：第 18 册．成都：巴蜀书社，2016.

［7］王世鑫，等．（民国）八寨县志稿［M］//《中国地方志集成·贵州府县志辑》编委会．中国地方志集成·贵州府县志辑：第 19 册．成都：巴蜀书社，2016.

［8］贵州省丹寨县地方志编纂委员会．丹寨县志（1991—2015）［M］．北京：方志出版社，2016.

［9］文朝景．南皋乡志（未刊稿）．

二、著作

［1］田兵．苗族古歌［M］．贵阳：贵州人民出版社，1979.

［2］马学良，今旦．苗族史诗［M］．北京：中国民间文艺出版社，1983.

［3］贵州省民族研究所 . 民国年间苗族论文集（内部资料），1983.

［4］郭于华 . 死的困扰与生的执着：中国民间丧葬礼仪与传统生死观［M］. 北京：中国人民大学出版社，1992.

［5］李亦园 . 人类的视野［M］. 上海：上海文艺出版社，1996.

［6］费孝通 . 费孝通民族研究文集［M］. 北京：民族出版社，1988.

［7］吕大吉 . 宗教学通论新编［M］. 北京：中国社会科学出版社，1998.

［8］钟敬文 . 民俗学概论［M］. 上海：上海文艺出版社，1998.

［9］郭于华 . 仪式与社会变迁［M］. 北京：社会科学文献出版社，2000.

［10］万建中 . 禁忌与中国文化［M］. 北京：人民出版社，2001.

［11］吕大吉 . 宗教学纲要［M］. 北京：高等教育出版社，2003.

［12］方李莉 . 费孝通晚年思想录：文化的传统与创造［M］. 长沙：岳麓书社，2005.

［13］武春生，孟宪林，王蘅，等 . 中国蝶类识别手册［M］. 北京：科学出版社，2007.

［14］陈晓鸣，周成理，史军义，等 . 中国观赏蝴蝶［M］. 北京：中国林业出版社，2008.

［15］王凤刚 . 苗族贾理［M］.2 版 . 贵阳：贵州人民出版社，2009.

［16］钟敬文 . 民间文学概论［M］.2 版 . 北京：高等教育出版社，2010.

［17］刘大可 . 传统与变迁：福建民众的信仰世界［M］. 北京：社会科学文献出版社，2011.

［18］黄彩文 . 仪式、信仰与村落生活：邦协布朗族的民间信仰研究［M］. 北京：民族出版社，2011.

［19］罗宗志 . 信仰治疗：广西盘瑶巫医研究［M］. 北京：中国社会科学出版社，2012.

［20］任骋 . 中国民间禁忌［M］.5 版 . 济南：山东人民出版社，2012.

［21］吴正光 . 屋里屋外话苗家［M］. 北京：清华大学出版社，2012.

［22］易中天 . 易中天中华史：祖先［M］. 杭州：浙江文艺出版社，2013.

［23］王明珂．华夏边缘：历史记忆与族群认同［M］．杭州：浙江人民出版社，2013.

［24］乌丙安．中国民间信仰［M］．长春：长春出版社，2014.

［25］吴育标，冯国荣．西江千户苗寨研究［M］．北京：人民出版社，2014.

［26］高培．中国千户苗寨建筑空间匠艺［M］．武汉：华中科技大学出版社，2015.

［27］彩万志，李虎．中国昆虫图鉴［M］．太原：山西科学技术出版社，2015.

［28］杨斌．插花地研究：以明清以来贵州与四川、重庆交界地区为例［M］．北京：中国社会科学出版社，2015.

［29］杨辉霞，岳桂华，于爱华．1000 种常见植物野外识别速查图鉴［M］．北京：化学工业出版社，2016.

［30］杨庆堃．中国社会中的宗教：宗教的现代社会功能与其历史因素之研究［M］．范丽珠，等译．成都：四川人民出版社，2016.

［31］政协雷山委员会．雷山民族婚俗［M］．芒市：德宏民族出版社，2017.

［32］中国人民政治协商会议丹寨委员会．丹寨故事［M］．北京：九州出版社，2017.

［33］赵世瑜．狂欢与日常：明清以来的庙会与民间社会［M］．北京：北京大学出版社，2017.

［34］巴赫金．拉伯雷研究［M］．李兆林，夏忠宪，等译．石家庄：河北教育出版社，1998.

［35］米尔恰·伊利亚德．神圣与世俗［M］．王建光，译．北京：华夏出版社，2002.

［36］朱丽叶·克鲁顿－布罗克．哺乳动物［M］．王德华，杨明，杨俊成，等译．北京：中国友谊出版社，2004.

［37］霍布斯鲍姆，兰杰．传统的发明［M］．顾杭，庞冠群，译．南京：译林出版社，2008.

三、期刊论文

［1］安志敏．“干栏式”建筑的考古研究［J］．考古学报，1963(2).

［2］汪俊英．农村基层“准法律”：“村规民约”［J］．法学杂志，1998(4).

［3］薛艺兵．对仪式现象的人类学解释［J］．广西民族研究，2003(3).

［4］许剑锋，宋昆．“神圣”“亲和”话堂屋：城镇化建设进程中民族文化的保护与实践［J］．工业建筑，2009(9).

［5］曹南来．中国宗教实践中的主体性与地方性［J］．北京大学学报（哲学社会科学版），2010(6).

［6］黄璟．苗族村规民约的有效性分析：以黔东南苗族侗族自治州苗族村寨为个案［J］．凯里学院学报，2012(5).

［7］赵琼．国家认同建构中的历史记忆问题：以对共有祖先的追述为视角［J］．中国政法大学学报，2014(3).

［8］黄亦君．黔东南苗族斗牛活动的文化人类学考察［J］．中华文化论坛，2015(1).

［9］熊正贤．农民生计转型与土地意识嬗变：来自贵州穿青人地区的调查［J］．中南民族大学学报（人文社会科学版），2018(2).

［10］程宇昌：清代民间庙会文化与地方社会发展建构：以鄱阳县张王庙会为例［J］．南昌大学学报（人文社会科学版），2018(6).

［11］刘广伟，单世联．节日的意义在于肯定世界：西方文化理论视角下的阐释［J］．山东大学学报（哲学社会科学版），2019(1).

四、学位论文

［1］张筠蕾．试论欧洲狂欢节的起源［D］．上海：华东师范大学，2006.

［2］陆少美．农村婚姻礼仪中民间信仰的家庭代际传递研究：以福建省溪南镇的数据为例［D］．武汉：华中农业大学，2018.

［3］黄晓坚．海南黎族传说研究［D］．北京：中央民族大学，2019.

后 记

书稿总算画上一个句号了，有些心里话需要跟读者交代。本书稿是“传统村落与乡村振兴”研究计划中的一个成果。自接到这个项目以来，我们组建了一个强有力的研究团队，即我与王继红老师，以及我的研究生严梅梅、伊明、乔宏瑞、石凯月、吴怡蕾、宋进，并对丹寨县的两个民族传统村落进行调研。2019 年 5 月以来，我们分为两个组，一个组由王继红老师、乔宏瑞、石凯月、吴怡蕾组成，对九门村展开调研；一个组由我、伊明、严梅梅、宋进组成，对清江苗寨展开调研。我们相互配合、团结协作，终于，这项研究计划顺利完成。

大半年来，这本书稿成为我们研究和写作的重要内容。从最初的框架建立到书稿的最终形成，不知花费了我们多少精力和心血。甚至为了一两张图片或一两份重要资料，不惜驱车两百多千米到丹寨县和南皋乡去搜集，也为了章节框架或写作思路彻夜难眠，更多的是怕辜负清江苗寨的父老乡亲的期待，好在还算比较顺利地完成了这部书稿。完成之际，有许多感谢的话。

当踏上清江苗寨这块热土的那一刻，我们就深深地被它感染并感动着。记得第一次来到寨子，就结识了前任村支书田仕，他是一个视寨子如己命的人。他对清江的一草一木了如指掌，尤其是对本寨的文化达到了痴迷的程度。他为我们讲述了很多有关清江村的故事，讲到动情之处，眼中常泛泪光。驻村第一书记文嘉明竭尽全力帮我们搜集资料，为我们寻找合适的访谈对象。现任村主任田如能是一个能干的小伙子，只要我们需要，他都会尽力提供帮助。家住新村的田井金，同样也是一位热爱自己家乡文化的人，他是一个善于与人沟通、思维很活跃的人，他对清江村的发展有不少独到的见解。田兴智为我们提供了一些第一手的资料。田井坤，年龄不大，但脸上写满沧桑，他放下手中的农活，带领我们跑遍了大寨、岩寨、月亮坡、大冲等地，每一趟下来，至少花费 3 个小时。田国朝，一位八十几岁的寨老，特意从新村住处赶到村委会，为我们讲述他所了解的“历史”。当然，还有很多我至今叫不上名字的村民都给我们提供了力所能及的帮助。他们热情好客，但说得更多的是感谢，感谢我们为他们的村寨书写“历史”。而我更要感谢他们，没有他们的帮助，这部书稿很难完成，同时，也让我认识了教科书之外的“历史”。

在此，还要特别感谢丹寨县史志办主任雷有祥，他力所能及地帮我们收集资料，也亲自带我们到政府各职能部门找寻资料。也要感谢未曾谋面的丹寨融媒体中心主任黄晓海为我们提供的精美照片，这些照片为本书增色不少。最后，要感谢南皋乡人民政府对我们田野调查的支持和帮助。亦要感谢编辑郭晓林、任苗苗对书稿提出的修订意见。

希望我们对清江村的研究，能为当下的“扶贫脱困”提供智力支持。不奢望读者不批评，唯愿清江这块地方能引起社会和方家的关注。若能如此，无论怎样的声音，我甚欣慰。

祝福清江，祝福丹寨。

袁轶峰